名师名校名校长

凝聚名师共识
回应名师关怀
打造名师品牌
培育名师群体

文化意识视角下的
高中英语
教学探究

宗 健 莫炎芬 / 著

陕西师范大学 出版总社 西安

图书代号　JY24N2072

图书在版编目（CIP）数据

文化意识视角下的高中英语教学探究 / 宗健，

莫炎芬著. -- 西安：陕西师范大学出版总社有限公司，

2024. 9. -- ISBN 978-7-5695-4670-5

Ⅰ. G633.412

中国国家版本馆CIP数据核字第2024F9W106号

文化意识视角下的高中英语教学探究

WENHUA YISHI SHIJIAO XIA DE GAOZHONG YINGYU JIAOXUE TANJIU

宗　健　莫炎芬　著

出 版 人	刘东风
出版统筹	杨　沁
特约编辑	刘海燕
责任编辑	马文星　刘　岩　李腊梅　汤　凡
责任校对	孙　哲
封面设计	言之凿
出版发行	陕西师范大学出版总社
	（西安市长安南路199号　　邮编 710062）
网　　址	http://www.snupg.com
印　　刷	北京政采印刷服务有限公司
开　　本	710 mm×1000 mm　　1/16
印　　张	13.5
字　　数	206千
版　　次	2025年3月第1版
印　　次	2025年3月第1次印刷
书　　号	ISBN 978-7-5695-4670-5
定　　价	58.00元

前 言
FOREWORD

在这个全球化迅速发展的时代，英语不再仅仅是一种语言，更成了连接不同国家、文化和民族的桥梁。英语教育也逐渐从单纯的语言技能训练转变为注重对英语学科核心素养的培养。本书旨在深入探讨如何在高中英语教学中有效地融合作为英语学科核心素养之一的文化意识，以实现更广泛的教育目标。

本书试图回答的核心问题是：如何在高中英语教学中培育和提升学生的文化意识？面对这个问题，我们首先需要理解"文化意识"这一概念的多维性质。文化意识不仅包括特定文化因素知识，如对风俗习惯、历史背景、社会价值观等的了解，更重要的是指个体对不同文化之间差异的认识与理解，以及能够在文化多样性环境中进行有效沟通并取得共识的能力。

随着国际交流与合作的深入，跨文化交际能力已经成为国民素质教育的一个重要方面。英语作为广泛使用的国际语言，其教学不应只关注语言本身，更应注重将语言放在文化背景中去教授和学习。然而，当前高中英语教育往往在文化意识方面存在不足，致使有的学生在掌握了一定的语言技能后，仍然难以在真实的跨文化场景中运用自如。

因此，本书对文化意识视角下的高中英语教学进行了全面的理论阐述、实践研究和案例分析。书中详细介绍了文化意识的基本理论框架，帮助读者建立系统的理论知识基础；同时，聚焦教学实践层面，提供了一系列创新的教学方法和策略，使教师能够在课堂上有效地整合文化教学内容；且通过实证研究和案例分析来展示文化意识教学的成效，以及如何在现实教学环境中推广这些教学策略。

撰写本书的过程是富有挑战的。我们整理了大量的文献资料，深入研究了新版课程方案和课程标准，分析了现有的教学大纲、教材内容和教学方法，并对多所学校进行了实地调查，对一线教师进行了访谈。本书的研究涉及领域广泛，包括语言学、教育学、文化学及社会学等。我们努力以科学严谨的态度审视每一份资料，以确保本书的可靠性和实用性；我们也尽力以通俗易懂的语言写作，希望能够让更多的教师、学生和其他教育工作者受益。

我们真诚希望本书能成为高中英语教师的宝贵参考资料，帮助他们在日常教学中更好地培育学生的文化意识，从而为学生未来的学术进步和跨文化交际能力的发展奠定基础。同时，本书也是对中国当前英语教育体系中文化教学部分的一次积极的反思和建议，期待能对未来教学政策的制定提供些许启示。

本书是在中学英语高级教师、广东省特级教师、广东省名师工作室主持人、全国中小学外语优秀教师、首届全国英语教学能手、广东省中小学外语优秀教师宗健老师的指导下完成的。全书分为三部分，共七章，其中的理论框架部分，即第一、二章由宗健老师撰写（约5.9万字）；教学实践与策略、教学实例分析部分，即第三至七章，由中山市第一中学的莫炎芬老师撰写（约14万字）。

感谢每一位关心并支持本书的读者。愿我们共同开启这场关于文化与语言教学交融的探索之旅。

2024年3月

目 录
CONTENTS

第六章　基于文化意识的高中英语教学创新路径

第七章　文化意识视角下的高中英语教研考案例

第一章

文化视域下的英语教学

随着全球化的日益深入，跨文化交流变得愈发重要，英语教学作为培养国际化人才的关键环节，其重要性不言而喻。然而，传统的英语教学往往侧重于语言技能的训练，而忽视了语言背后的文化内涵。本章将从文化视域出发，重新审视英语教学，旨在探讨如何将文化意识的培养和提升有效融入英语教学过程中。通过深入分析文化与语言教学的紧密联系，本章力求构建一个更加全面、深入的英语教学体系，以提升学生的跨文化交际能力，培养他们对不同文化的敏感性和尊重。这不仅有助于提高学生的英语实际应用能力，更能为他们未来在国际舞台上发挥更大的作用奠定坚实基础。通过本章的探讨，我们期望为英语教学提供新的思路和方法，以适应全球化背景下的新需求。

第一节　文化与英语教学

文化视域下的英语教学是一个复杂而多维的议题，涉及语言教学与文化背景、文化观念、文化自知等多个方面的融合。在全球化的浪潮中，英语教学已经超越了单纯语言技能的教学与训练，逐渐演变为一种文化交流和理解的途径。作为新时期的英语教师，应了解文化如何深刻影响英语教学的方方面面，从教学内容、方法到课堂互动，甚至评估标准，还应了解跨文化能力的重要性以及如何在英语教学中拓展学生的国际视野。通过更新概念，优化教学过程，我们描绘出文化与英语教学深度融合的全景图，并提出切实可行的策略，以期通过英语这座连接不同文化的桥梁，促进跨文化沟通与理解。

一、文化概述

文化（culture）一词源于拉丁语"cultura"，其本意是指人类对外部环境的改造，以满足自身生活的需求。然而，在西塞罗的知识体系中，文化被赋予了更深层次的含义：即通过改变和完善个体的内心世界，塑造出具备理想品质的公民。Edward Tylor在他的经典作品《原始文化》中进一步阐释了文化的构成，他认为文化涵盖了知识、信仰、道德、法律以及人们的其他能力和习惯。

H. H. Stern则从广义和狭义两个角度对文化进行了分类。广义而言，文化是人类在社会发展进程中所创造的物质和精神财富的总和，这包括物质文化、心理文化和制度文化；狭义地说，文化主要体现在人们的生活习俗上，如衣食住行、生活方式以及行为规范等。何道宽提出，文化是一个民族整体的生活方式，它无处不在，无时无刻不在影响着民族生活的方方面面，并决定着人们的行为。

王威孚和朱磊将文化视为一种随着社会发展而不断变化的社会现象，认为一个社会的文化能够反映出其政治和经济状况。他们将文化的定义细化为四个层次：一是人类在历史实践中的全部创造；二是与社会上层建筑相适应的制度；三是日常生活中的常识；四是古代的文化治理与教育。林娟娟在外语教学的语境下，将文化分为表层文化和深层文化。表层文化指的是社交中的习俗和惯例，具有鲜明的民族特色；而深层文化则触及情感、思维方式和价值观等精神层面。

总之，在文化意识视角下的高中英语教学中，文化的概念是理解和实施教学的基石。在该领域中，文化通常被定义为一组在特定社会群体中被广为接受的价值观、传统、信仰、习俗和知识。这些组成部分通过一定的行为模式和表达形式传递与实践。因此，文化并非静态的或者单一的概念；它是一个动态且多元的概念，能够在社会成员之间以及与其他文化之间进行交流和演变。而在外语教学语境中，特别是针对高中英语课程，更需将文化视为包含了所学语言国家的风土人情、历史地理、生活方式、传统习俗、价值观念、文学艺术和行为规范等因素的结构体系。

文化具备多层次结构，包括但不限于深层文化（包含价值观、信仰体系和世界观等），中层文化（包含社会结构、家庭模式和教育制度等），以及表层文化（包含日常行为、礼节习惯和物质文化等）。这一多层次结构导致了跨文化交流的复杂性，因为不同文化的交流者需要在不同层次上建立理解与共鸣。学校教育环境中的文化概念具化为跨文化教学内容和教学方法的选择，致力于培养学生对自身以及其他文化的深刻理解和尊重，强化其分析和应对不同文化间交流难题的能力。

二、文化教学的着眼点

在高中英语教学实践中，文化的介入并非单一地强调英语国家的文化背景知识，而是采取了文化融合的方式，将中国传统文化与目标语言文化同时纳入学习内容，以达到双向文化对话的教学效果。通过这种方法，教师可以引导学生更为准确地把握文化差异，理解文化多样性，并在跨文化交流中灵活运用所学知识。通过这种教学方式，文化渗透教学目的更加明确，学生不仅了解到目标语言国家的文化现象，还能够更加深入地理解文化的内在逻辑和成因，增强其在现代国际舞台上传播中国文化和价值观的能力。

首先，英语教学不仅仅是语言技能的培养，更是文化意识的熏陶。语言与文化紧密相连，语言是文化的载体，文化是语言的土壤。在英语教学中，教师需要引导学生理解并尊重英语国家的文化，帮助学生形成跨文化交际的能力。同时，教师也应鼓励学生保持对本国文化的自豪感，形成文化自觉和文化自信。

其次，文化观念的培养是英语教学中的重要一环。文化观念包括感知、信仰、价值观、态度等方面，这些观念在词汇、语法、篇章等语言形式中都有所体现。因此，教师需要深入挖掘英语教材中的文化元素，通过课堂讨论、角色扮演等活动，引导学生分析和理解英语国家的文化观念，从而增强学生的文化敏感性和跨文化交际能力。

再次，文化自知也是英语教学中不可忽视的一个方面。文化自知是指学生对本国文化的认知和反思，这对于形成健康的文化心态和跨文化交际能力至关重要。在英语教学中，教师应鼓励学生对比英语国家和本国文化的异同，培养学生的文化批判性思维，使他们能够在跨文化交流中保持独立性和自主性。

最后，教学策略的选择对于实现文化视域下的英语教学至关重要。教师需要采用灵活多样的教学方法，如案例分析、情景模拟、文化体验等，来激发学生的学习兴趣和积极性。同时，教师还应充分利用现代教育技术，如多媒体教学、网络教学等，来拓展学生的文化视野和提高教学质量。

总之，文化视域下的英语教学是一个综合性的过程，需要教师在教学实践中不断探索和创新。通过培养学生的文化意识、文化观念和文化自知，以及选择恰当的教学策略，我们可以有效地提高学生的跨文化交际能力，使他们更好地适应全球化时代的挑战。

然而，深刻的文化意识并非仅是知识的掌握和差异的比较，更是需在现有文化教学上进行更新与提升。目前的高中英语教育体现出对文化认识的层次性需求，即不仅仅满足于对目标语言国家文化的学习和鉴赏，更应通过对比分析来增强文化异同的鉴赏力，并借此提升学生的跨文化交际能力。这意味着在教学中需发掘并利用文化现象的根本原因和演变的历史逻辑，帮助学生建立起更为全面的文化视角和深层的文化理解，成为能够在多元文化背景下自信交流的世界公民。

三、文化在英语教学中的重要性

随着全球化的深入发展，英语已成为全球通用语言，英语教学也逐渐从单纯的语言知识传授向综合能力培养转变。在这一转变中，文化教学的地位愈发凸显。语言是文化的载体，是人与人之间沟通的桥梁。语言和文化是紧密相连的，就像水和鱼的关系一样。如果我们只是学习语言，而不了解背后的文化，那就像是只看到了鱼的鳞片，却没有看到它生活的海洋。因此，文化在英语教学中起着举足轻重的作用。

1. 文化教学有助于提高学生的语言交际能力

了解文化可以帮助我们更准确地理解和使用语言。比如，有些单词和短语在不同的文化背景下可能有不同的含义和用法。如果学生不了解这些文化背景，就可能会产生误解或者使用不当。因为，语言交际不仅仅是单词和语法的组合，更是文化信息的传递和交流。在英语教学中，如果只注重语言形式的训练，而忽视文化背景的讲解，那么学生在实际交际中很可能会遇到障碍。例如，在英语中，"dog"一词通常带有积极的情感色彩，如"lucky dog"（幸运儿）、"top dog"（重要人物）等。然而，在某些文化中，狗可能被视为不洁之物。因此，如果不了解这些文化差异，学生在与不同文化背景的人交流时，可能会产生误解或冲突。

同时，学习文化可以增强我们的跨文化交际能力。在全球化的今天，与来自不同文化背景的人交流是不可避免的。如果学生能够理解和尊重他们的文化，就能更好地与他们沟通和合作。通过文化教学，学生可以了解不同国家的文化习俗、价值观念、思维方式等，从而更好地理解语言的深层含义，提高语言运用的准确性和得体性。例如，在教授西方餐桌礼仪时，教师可以介绍西餐的用餐顺序、餐具使用规则以及交际礼节等，使学生在学习语言的同时，也能了解西方文化，提高跨文化交际能力。

2. 文化教学有助于激发学生的学习兴趣和积极性

传统的英语教学往往以语言知识为主，学生容易产生厌学情绪。而文化教学则可以通过引入丰富多彩的文化内容，激发学生的学习兴趣和积极性。例如，教师可以通过讲述英语国家的历史故事、文学作品、风俗习惯等，引导学生了解英语国家的文化魅力，从而增强学习动力。

此外，教师还可以利用现代教学手段，如多媒体教学、网络资源等，为学生呈现更加生动、直观的文化内容。例如，通过播放英语国家的电影、纪录片等，让学生直观地感受英语国家的文化氛围，加深对文化的理解和认识。

3. 文化教学有助于培养学生的跨文化意识和全球视野

在全球化的今天，跨文化意识和全球视野已成为人才必备的素质。通过文化教学，还可以拓宽学生的视野，丰富学生的生活体验；学生可以更深入地了解世界，发现新的乐趣并受到新的启发。学生可以了解不同国家的文化差异，增强文化敏感性和包容性，从而在跨文化交际中更加得心应手。同时，文化教学还能帮助学生拓宽视野，认识世界的多元性，培养全球意识。例如，在教授英语国家的节日文化时，教师可以引导学生比较中西方节日的异同，分析节日背后的文化内涵和价值观念。通过这样的比较和分析，学生可以更加深入地了解不同文化的特点，增强跨文化意识。

4. 文化教学有助于提升学生的综合素质

文化教学不仅关注学生的语言交际能力，还注重培养学生的综合素质。通过了解不同国家的文化，学生可以拓宽知识面，增长见识，提高人文素养。同时，文化教学还能培养学生的批判性思维和创新精神，使他们在面对复杂多变的国际环境时能够独立思考、勇于创新。例如，在教授英语国家的文学作品时，教师可以引导学生分析作品的主题、人物性格、艺术手法等，培养学生的文学鉴赏能力和批判性思维。此外，教师还可以鼓励学生进行文学创作或翻译实践，培养他们的创新精神和实践能力。

5. 文化教学有助于增强学生的文化自信

在全球化背景下，文化交流日益频繁，但文化冲突和误解也时有发生。通过文化教学，学生可以更加深入地了解自己的民族文化，增强文化自信和民族自豪感。同时，学生还能在跨文化交流中展示和传播自己的文化，促进文化交流和互鉴。例如，在教授中国传统文化时，教师可以结合英语表达方式，让学生用英语介绍中国的传统节日、风俗习惯、历史文化遗产等。通过这样的教学活动，学生不仅能够提高自己的英语表达能力，还能增强对民族文化的认同感和自豪感。

综上所述，文化在英语教学中具有举足轻重的地位。通过文化教学，我们可以提高学生的语言交际能力、激发学生的学习兴趣和积极性、培养学生的跨文化意识和全球视野、提升学生的综合素质以及增强学生的文化自信。因此，在英语教学中，我们应充分重视文化教学的作用，将其贯穿于整个教学过程中，为学生的全面发展奠定坚实基础。

当然，我们也应该认识到，文化教学是一个复杂而长期的过程，需要教师和学生共同努力。教师应不断提升自己的文化素养和教学能力，探索有效的教学方法和手段；学生也应积极参与文化学习活动，主动了解和体验不同文化，提高自己的跨文化交际能力。只有这样，我们才能真正发挥文化在英语教学中的重要作用，培养出具有国际视野和跨文化交际能力的新一代青少年。

在实际教学中，我们可以结合具体的教学内容和学生的实际情况，设计丰富多彩的文化教学活动。例如，可以组织学生进行文化主题演讲、角色扮演、文化展览等活动，让学生在实践中感受文化的魅力；也可以利用网络资源，引导学生自主学习和探索不同国家的文化，培养他们的自主学习能力和创新精神。

总之，文化在英语教学中的重要性不容忽视。我们应充分认识到文化教学对学生全面发展的促进作用，积极探索和实践有效的文化教学方法和手段，为培养具有国际视野和跨文化交际能力的新一代青少年贡献自己的力量。所以，在英语教学中，我们不仅要注重语言知识的学习，还要重视文化的传递和渗透，这样才能真正提高学生的英语水平和跨文化交际能力。

四、多元文化教育论

多元文化教育论是一种强调尊重和欣赏不同文化背景和优势的教育理念，旨在通过教育和培训提高个人及社会的多元文化意识和跨文化交际能力。其核心理念在于培养具有全球视野的、支持多元文化的价值观念的学生，为全球化社会提供有活力、有创意和跨文化交际能力的人才。多元文化教育论具有深刻的哲学基础与理想追求，它基于平等、自由、正义、尊严等概念，旨在打破文化隔阂，促进不同文化间的交流与融合。同时，它还具有关怀弱势和博爱情怀的人道主义精神，关注不同文化背景下个体的成长与发展。

多元文化教育理论融合了多种思想精髓，包括传统文化理论中的多元主义、文化人类学中的文化传承与发展的相对主义、心理学的社会均等学习理念，以及教育学中的教育机会均等观点。其核心理念在于传统文化教育和多元主义的结合。随着研究的深入，多元文化教育的研究领域已从单一的民族研究扩展到性别、阶层等多个维度。多元文化教育论的理论基础包括文化多元主义、文化传承理论、文化相对主义、社会学习理论以及教育机会均等理论等。这些理论为多元文化教育提供了坚实的支撑，使其在实践中能够更好地发挥作用。

尽管对多元文化教育的定义众说纷纭，但无可否认，它是一种基础性的文化教育活动，既触及人类的思想意识，也涉及具体的实践行为。多元文化意识的核心在于不同民族文化的和谐共存，倡导各民族间的相互尊重、认同与接纳，共同推动文化的繁荣发展。

文化的多元性决定了教育的多样性。在多元文化的背景下，教育应尊重并理解每个人的文化差异。多元文化不仅是一种教育理念，也是一种教学实践的取向。例如，在教学过程中，教师应考虑学生的多样性，使用丰富的案例和教学内容，以满足不同文化背景学生的需求。

多元文化教育具有诸多优势，它倡导教育公平性，提升弱势群体的自信心，并鼓励他们积极争取权益。同时，它为学生和教师提供了一个了解、学习和欣赏不同种族文化的平台，拓宽了师生的视野。此外，多元文化教育还鼓励学生在深入了解本民族文化的同时，认识、理解和学习其他民族的优秀传统文化。

多元文化教育为来自不同民族文化背景的学生提供了均等的教育机会，促进了学生的个人发展，并加深了对本民族传统文化的理解和认同。这种教育模式有助于不同民族文化的和谐共生，推动了人类文化的共同繁荣和进步。

在多元文化教育的实践中，课程设计上的多元文化融入是一个重要方面。教师可以通过选择适当的教材和案例来展示不同文化间的相似和差异，让学生在学习的过程中感受到多元文化的魅力。此外，学校还可以组织跨文化交流活动，如国际文化节、学生交流团等，为学生提供亲身体验和了解不同文化的机会。

总之，多元文化教育论对于培养学生的全球竞争力、提高跨文化交际能力具有重要意义。它有助于打破文化隔阂，促进不同文化间的相互理解和尊重，为构建一个更加和谐、包容的社会奠定坚实基础。

因此，教材的编者们将多元文化意识理论作为科学编订教材的理论指导。在多元文化理论的指引下，英语教材中的文化内容应广泛涵盖多个国家和民族的文化元素，确保文化的多样性和各民族文化的和谐共存得以在教材中充分体现。

五、高中英语教学中文化教学的现状与挑战

如今，英语作为全球通用语言的重要性日益凸显。高中阶段是英语基础教育的重要环节，承担着培养学生英语综合运用能力的重任。然而，在实际教学中，我们不难发现许多学生在英语学习过程中出现了"文化失语症"的现象，即无法在英语交际中恰当地运用文化背景知识，导致交流障碍。

1. 文化失语症产生的原因

（1）应试教育的导向

在高中英语教学中，教师往往以考试为中心，注重语言知识点的讲解和训练，而忽视了文化教学的重要性。这种导向使得学生在学习中只关注语言形式，而忽视了文化背景知识的积累。

（2）教材内容的局限性

从教材内容来看，虽然近年来有所改进，但仍然存在文化元素不足的问题。很多教材仍主要侧重于语言知识和技能的学习，对于英语国家的文化背景、社会习俗、价值观念等方面的介绍相对有限，这导致学生无法全面了解英语文化，进而影响了他们的跨文化交际能力。

即使有一些文化内容，也往往停留在表面介绍，缺乏深入剖析和实际应用。这使得学生在学习过程中难以获得充足的文化背景知识。

（3）教师文化素养的不足

教师是教学的主体，他们的文化素养和教学水平直接影响到学生的学习效果。然而，当前许多高中英语教师的文化素养仍有不足。他们往往只关注语言知识点的讲解，缺乏对文化教学的深入研究和探索。这导致他们在教学中无法有效地传授文化背景知识，也无法引导学生进行跨文化交际。虽然大部分教师都认识到文化教学的重要性，但在实际教学中却往往难以落实。一方面，教师受到教学进度和考试压力的影响，往往将更多时间用于语言知识的讲解和练习，而忽略了对文化内容的深入探讨。另一方面，一些教师自身的文化素养和跨文化交际能力有限，也制约了他们在文化教学方面的发挥。

（4）学生缺乏文化体验和实践

从学生角度来看，他们对英语文化的兴趣普遍不高。由于缺乏对文化背景的了解和认识，学生往往将英语学习视为一种枯燥的任务，难以从中感受到乐趣和价值。这也导致了他们在英语学习中的动力不足，影响了学习效果。英语学习不仅仅是语言知识的学习，更是一个文化体验和实践的过程。然而，当前高中英语教学往往缺乏足够的文化体验和实践机会。学生很少有机会接触到真实的英语文化环境，也无法通过实践来加深对文化背景知识的理解和应用。

2. 解决策略

在挑战方面，高中英语教学中文化教学面临着多方面的困境。首先，过去应试教育的导向使得文化教学往往被边缘化。在考试压力下，教师和学生都更倾向于关注语言知识的掌握和应试技巧的训练，而忽略了文化教学的重要性。

其次，跨文化交际能力的培养需要时间和实践的支持，但在现有的教学体制和课程设置下，这往往难以实现。此外，文化教学的实施还需要教师具备较高的文化素养和跨文化交际能力，这也是一个不小的挑战。

为了改善这一现状并应对挑战，我们可以从以下几个方面入手：一是落实教育机制改革，创新教学方式和方法，采用更加生动有趣的方式来呈现文化内容，激发学生的学习兴趣和动力；二是加强教材建设，增加文化元素的比例，使教材内容更加贴近实际生活和文化背景；三是提升教师的文化素养和跨文化交际能力，通过培训和交流等方式提高他们的教学水平；四是加强国际交流与合作，为学生提供更多的跨文化交流和实践机会。具体路径如下：

（1）落实教育机制改革

要解决高中英语教学中文化失语症的问题，首先学校要积极落实教育机制改革，转变教育理念，创新教学方式和方法，注重学生的综合素质和跨文化交际能力的发展。

（2）完善教材内容

教材是学生学习的重要依据。在编写教材时，应增加文化内容的比重，深入挖掘文化内涵，注重文化知识的系统性和连贯性。同时，可以结合实际情况，引入一些具有代表性的文化现象和案例，帮助学生更好地理解和应用文化背景知识。

（3）提升教师文化素养

教师是文化教学的关键。教师可以通过参加专业培训、阅读相关书籍、观看文化纪录片等方式来提升自己的文化素养。同时，学校也应为教师提供更多的文化交流机会，让他们能够亲身感受英语文化，从而更好地传授给学生。

（4）加强文化体验和实践

为了让学生更好地了解英语文化，学校可以组织一些文化体验活动，如英语角、文化讲座、文化交流活动等。这些活动可以让学生亲身感受英语文化的魅力，加深对文化背景知识的理解。此外，教师还可以鼓励学生通过课外阅读、观看英语电影等方式来拓展文化视野。

　　高中英语教学中的文化失语症是一个亟待解决的问题。通过落实教育机制改革、完善教材内容、提升教师文化素养以及加强文化体验和实践等策略，可以有效地解决这一问题，提高学生的英语综合运用能力和跨文化交际能力。同时，这也需要我们教育工作者不断探索和实践，为高中英语教育的发展贡献自己的力量。

第二节 中学英语教材中的文化内容分析

英语教材不仅是语言知识传授的媒介，更是文化传递的重要载体。文化内容是英语教材中不可或缺的一部分，它对于学生了解英语国家的文化背景、风俗习惯、价值观念等具有不可替代的作用。因此，对中学英语教材中的文化内容进行深入分析，对于提升英语教学质量、培养学生跨文化交际能力具有重要意义。

当前，越来越多的学者和教育工作者开始关注英语教材中的文化内容，并对其进行了广泛的研究。这些研究不仅涉及教材中文化内容的呈现方式、比例构成，还包括文化内容的选择原则、与语言教学的关系等方面。然而，尽管相关研究已经取得了一定的成果，但仍存在许多有待深入探讨的问题。

为让中学英语老师对教材中的文化内容有更全面的认识，下面以人教版初中英语教材为例，分析其中的文化内容特征，以期为我们分析教材文化提供一种借鉴。

一、文化内容的主题选择特征分析

从内容上来看，英语教材中的文化内容涵盖了多个方面。这包括介绍英语国家的地理、历史、社会习俗、价值观念等，让学生能够对这些国家有一个全面的了解。同时，教材也注重对比不同文化之间的差异和共性，帮助学生认识到文化的多样性和包容性。

在呈现方式上，教材采用了多种形式来展示文化内容。除了文字描述外，还通过图片、短片、音频、视频等多种媒体形式，让学生更加直观地感受和理解文化。这种多样化的呈现方式不仅激发了学生的学习兴趣，而且提高了他们对文化内容的理解和记忆。

此外，教材还注重培养学生的文化意识和跨文化交际能力。通过设置拓展阅读、背景知识介绍等栏目，加深学生对文化知识的理解和掌握。同时，通过模拟真实的跨文化交际场景，让学生在实践中学习和运用英语，提高他们的跨文化交际能力。

然而，尽管英语教材在文化内容方面做出了很多努力，但仍然存在一些不足之处。比如，一些教材可能过于注重语言知识的学习，而忽略了文化内容的深入挖掘；或者一些教材在介绍文化时可能过于简化或片面，无法全面反映文化的复杂性和多样性。

为全面梳理人教版初中英语教材中的文化内容，本研究依据文化地域、功能分类，并参照课程标准要求，对教材内的文化元素进行了详细的统计与分析。下面就各种文化主题的相关数据逐一分析。

1. 文化地域主题数据统计与分析

文化地域主题数据统计显示，教材中的目的语文化出现频率最高，共计86次，占比53.42%。相比之下，母语文化出现55次，占34.16%，而国际文化仅出现20次，占12.42%。显然，各种文化地域主题之间存在显著的不平衡。具体数据统计见下表：

文化地域主题数据统计

	目的语文化	母语文化	其他文化	总计
频次	86	55	20	161
比例	53.42%	34.16%	12.42%	100%

我国外语教学中使用的英语教材，其内容不仅涵盖了西方的目的语文化，也融入了中国的母语文化。在过去，多数英语教材更偏向于以母语文化为背景，语言学习主要是为了更好地理解本国的经济、政治和社会发展状况。但随着我国改革开放和国际市场经济的不断发展，交际外语教学在中国教育中的地位逐渐凸显。目标语言文化，即西方的目的语文化，受到了越来越多的关注，

并逐渐在外语教材中占据了主导地位。然而，近年来跨文化交流的理念逐渐被大众所接受和重视。新课程标准的推出和实施，彻底改变了以往外语教学以单一目标语言文化为核心的局面。这一变革不仅促进了学生语言交际能力的提升，更培养了他们的全球视野。

随着教学理念的更新，人教版初中英语教材积极进行了内容调整。在正文和课后习题中，英语文化知识的比例有了显著提升，所涵盖的英语国家文化内容也变得更加丰富多彩，不再仅限于英美文化，而是广泛涉猎各个英语国家的文化精髓。值得一提的是，教材中母语文化的比例也得到了大幅度增加，同时涉及世界其他国家的文化内容也有所增多，文化多元性得到了更好的体现。此外，教材还巧妙地融入了不同文化的对比分析，使学生能够更直观地理解文化差异。据统计，整套教材共有58个单元，其中涉及目的语文化的内容出现了86次，母语文化55次，其他文化20次。由此可见，人教版初中英语教材在文化内容的丰富度和深度上都相当可观。

根据上面数据显示，人教版初中英语教材中外国文化的占比相当大，这恰好满足了英语作为外语学习的基本要求，特别是对于那些以英语为非母语的学习者。教材中涉及大量英语国家的文化内容，有助于学习者深入理解英语国家的文化，洞察英语国家人们的思维方式，并学习他们先进的思维模式。这种设置有助于在语言文化习得过程中促进跨文化交际能力。然而，经过对教材中文化内容的详细统计与分析，我们发现，目的语国家的文化占据了主导地位，而其他外国文化仅占一小部分。具体来说，人教版初中英语教材中涉及外国文化的频次总计106次，其中以英语为母语的国家文化出现了86次，而非目的语国家的外国文化仅出现了20次。这表明，教材中的外国文化以目的语国家文化为主，其比例是非目的语国家文化的4倍多。由此可见，人教版初中英语教材在呈现外国文化时，主要以目的语国家文化为核心，同时辅以其他外国文化。

从上面数据中，我们还可以看到母语文化在教材中呈现了55次，而外国文化则出现了106次，显然，母语文化的出现次数仅为外国文化的一半。然而，在英语教材中，外国文化内容（包括目的语文化）的丰富性是为了更好地将学生引入外语的文化氛围和日常生活环境中。这种设置有助于学生提高日常英语使用能力，掌握语言基本技能，并培养跨文化意识，从而进一步提升他们的跨文化交际综合能力。

尽管如此，母语文化作为外语输出的重要组成部分，在促进学生跨文化交流和传播本族文化方面的作用不容忽视。英语教材中的文化内容的一个重要功能是帮助学生熟练掌握外语和外国文化的基本技能。在与具有不同文化背景的人进行跨文化交际时，这不仅能够弘扬本民族文化，同时通过对母语文化的理解和学习，还能帮助学生形成科学的人生观和正确的文化观。因此，在当前英语教材中，母语文化内容仍然占据着非常重要的地位，并具有深远的意义。

2. 义教段课程标准中的文化数据统计与分析

此部分的文化内容主题选择是基于原课程标准所划分的七种文化分类。我们根据这一分类标准，对教材中各类文化内容的出现次数及其所占的比例进行了详细的统计分析。统计结果见下表。

义教段课程标准中文化内容数据统计

文化内容	频次	比例	例证
历史地理	28	19.72%	地理：故宫、长城、兵马俑等 历史：马丁·路德·金遇害、9·11事件
风土人情	22	15.49%	中国城、中国茶等
传统习俗	21	14.79%	春节、元宵节、中秋节、感恩节、万圣节、泼水节等
生活方式	22	15.49%	预定食物、购物、旅行等
行为规范	17	11.97%	问候方式、餐桌礼仪、时间概念等
文学艺术	23	16.2%	文学作品：《鲁滨逊漂流记》《皇帝的新装》《西游记》《愚公移山》 传统艺术：孔明灯、剪纸、黏土、二胡等
价值观念	9	6.34%	"两尊一负" "拯救地球，爱护环境"

根据文化地域分类理论，我们将七种文化进行了分类整理分析。首先，就上述表格而言，生活方式和行为规范这两个类别能够为学生提供关于日常交流、社会规范等方面的知识，从而帮助学生建立起基本的文化差异意识。

研究可知，目的语文化在生活方式与行为规范方面的文化内容出现次数显著高于母语文化与其他文化。这一方面反映了教材中对于目的语文化的重视。另一方面，这类目的语文化内容主要聚焦于预定食物、购物、提供帮助等日常行为，以及社交互动，如第一次见面时打招呼、互相介绍、礼貌邀请等。这些内容使学生具备了与说目标语言的人进行适当交流和沟通的能力。

然而，与目的语国家丰富的生活方式与行为习惯相比，母语国家与其他国家的文化内容在教材中仅占据了较小的比例。这些内容主要涉及不同国家的问候方式，如韩国、日本、美国、法国、墨西哥以及巴西等国的问候习俗；哥伦比亚和瑞士对待时间的态度；以及在中国与人见面约会时的行为规范等。遗憾的是，这部分内容在教材中并未得到详尽的解释，仅在练习和讨论部分被简要提及。这种情况使得学生们难以向外国人详细介绍中国的行为标准，从而限制了他们的视野拓展。

同时，传统习俗和风土人情这部分的文化内容使学生对目标国家的一些话题变得熟悉，如节日、在正式和非正式场合的餐饮和穿着习惯，以及一些传统的习俗。这些主题与学生的日常生活紧密相连，且这类文化主题更能激发学生的学习兴趣。正如表格所显示的，目的语国家和母语国家在传统习俗和风土人情方面的文化内容几乎相当。目的语国家涵盖的主题包括一些常见的运动、著名的食物、节日（如感恩节、父亲节、母亲节、愚人节、万圣节、圣诞节和复活节等），以及一些当地或传统的活动（如现场出售、寄宿家庭、教学日、学校演出等）。这些文化主题内容有助于学生对目的语国家的生活方式与行为习惯有更深入的了解。

二、文化内容呈现特征分析

1. 文化内容在教材年级模块的呈现特征分析

文化内容呈现特征分析将从册次和单元板块两个角度展开，针对教材中文化内容的分布进行统计（详见下表）。通过分别计算各册教材和单元内五个部分中文化内容的比例，我们将依据数据深入剖析文化内容在教材中的具体呈现特征。

每种文化内容在全套教材中的数据统计

	生活方式	行为规范	风土人情	传统习俗	历史地理	文学艺术	价值观念	总计
七年级上册	6	5	6	5	0	0	0	22
七年级下册	7	5	5	4	2	0	0	23
八年级上册	4	2	3	2	6	5	2	24
八年级下册	2	1	2	1	13	11	3	33
九年级全一册	3	4	6	9	7	7	4	40

由上表可见，人教版初中英语教材每册均涵盖一定量的文化内容，且其分布随册次上升总体呈增长态势。七年级至九年级各册次文化内容比例分别约为15.49%、16.2%、16.9%、23.24%和28.17%。七年级上册文化内容最少，九年级全一册最多。根据认知发展理论，教材文化内容设置与学生语言能力发展相符。每册教材均含多种文化内容，确保学生各阶段均能接触。文化内容随年级上升而增加，符合学生认知水平提升。单元内各部分均含一定比例文化内容，围绕主题螺旋式发展。

从不同阶段教材中文化内容的侧重点出发进行分析，依据多元文化理论与阶段性原则，教材在每个学习阶段都应包含丰富的文化内容，并根据学生的特点来合理选择。北京师范大学外语系教授杨藻镜强调，教材编写应遵循阶段性原则，即初始阶段应介绍简单直观的物质文化，中级阶段引入稍具难度的中层文化如社会制度，高级阶段则涉及更多精神文化内容，以促进学生语言能力的提升。对于人教版初中英语教材，七年级应侧重表层文化，八年级逐渐引入中层和深层文化。然而，目前七年级关于历史地理的文化内容仅出现2次，九年级作为最高阶段，文学艺术和价值观念等深层文化内容却少于八年级，这不符合阶段性原则。因此，七年级教材应增加历史地理等表层文化的比例，而九年级则应大幅增加文学艺术和价值观念等深层文化的内容。

2. 文化内容在教材单元板块的呈现特征分析

人教版初中英语教材的文化内容呈现多样化，涵盖教材的各个环节（统计结果见下表）。总体来看，文化内容在Section A的分布比例高于Section B，尤其在阅读与听说板块呈现最多。

每种文化内容在单元五个部分的数据统计

	生活方式	行为规范	风土人情	传统习俗	历史地理	文学艺术	价值观念	总计
听说	7	5	6	7	5	9	2	41
阅读	5	4	13	10	6	13	4	55
写作	6	5	3	2	2	2	1	21
语法	4	3	3	1	2	3	0	16
自检	4	2	2	0	1	0	0	9

从人教版初中英语教材中文化内容的布局来看，其广度体现在各个单元板块中，包括Listening and Speaking、Reading、Grammar、Writing以及Self Check等五大板块。令人欣喜的是，几乎在每一个板块中，我们都能发现文化内容的身影。这一现象清晰地表明，人教版初中英语教材在呈现文化内容时，采用了多元化的板块设计，使得文化元素能够全面而深入地渗透到整套教材中。同时，各个单元板块之间的文化内容分布比例各有侧重，这种差异性符合课标中文化意识目标的层次性培养要求。

众所周知，文化教学与语言教学的融合是至关重要的，二者应当相辅相成，同步进行。因此，我们不仅要从宏观角度审视教材中文化内容的整体分布，还需要深入探究各个语言部分中文化内容的细致分布。根据上表数据显示，人教版初中英语教材中，听说部分和阅读部分涉及的文化内容频次分别达到41次和55次，明显高于写作、语法和自我检测部分。具体来看，写作、语法和自我检测部分中文化内容的频次分别为21次、16次和9次。这一显著差异反映出教材编者更加注重通过基础语言技能来整合文化内容。值得注意的是，在写作、语法和自我检测部分，文化内容的比例相对较低，这表明这三个部分的教学重心更多地放在了语言知识的巩固和练习上，而对于文化内容的复习和纳入则显得相对次要。由此可见，文化内容在各个教学部分的分布并不均衡，这也意味着文化内容并未能系统、有序地贯穿于一个完整的教学单元中。

然而，需要指出的是，人教版初中英语教材的组织结构独具特色，每个单元都由几个关键部分组成：Section A、Grammar Focus、Section B以及Self Check。其中，Section A和Section B两部分都可能涵盖听力、口语和阅读环节。由此可见，人教版初中英语教材在一定程度上考虑到了文化内容需要被系统地融入各个教学环节中的重要性。举例来说，在九年级的教材中，第六单元专门探讨了发明的话题。在Section A部分，教材通过展示一些常见物品的图片，引发学生在热身环节讨论这些发明的先后顺序，进而在对话部分探讨了拉链的发明历程。紧接着，学生将阅读一篇关于偶然发明中国茶的文章。在语法环节，一个涉及电话发明的简洁介绍被巧妙地融入一个练习中。进入Section B部分，学生会读到有关薯片历史和篮球诞生的阅读材料。最后，在Self Check环节，学生会面临一项书写新发明的任务，并需要识别出各种发明家的身份。类似的布局也出现在八年级下册的第八单元，该单元聚焦于文学与音乐。课程以世界知名的小说作为引入，这些小说在后续的Section A对话和阅读部分都有所提及。在Section B的阅读环节，学生会读到一篇深入探讨乡村音乐的文章，其中详细阐述了乡村音乐的相关信息。通过这样精心的板块设计，学生能够全方位地接触并学习文化内容，从而更深入地理解和把握单元主题。

三、结论与启示

1. 人教版英语教材中的文化内容展现形态探究

经过深入的文本分析，我们发现人教版英语教材在文化内容的编排上满足了课程标准的需求。教材中涵盖的文化元素广泛且多彩，其呈现手段也颇具多样性，这是一大亮点。然而，我们也注意到，人教版英语教材在文化内容的设置上值得关注如下几个方面：

（1）文化内容的主题丰富

无论是从文化的功能性角度考虑，还是从地域文化的视角出发，该套教材都囊括了多元化的文化主题。借鉴学者张占一对文化的分类，我们可以将教材中的文化内容划分为知识文化和交际文化两大类。在知识文化方面，教材涵盖了历史地理、文学艺术等多个领域，不仅介绍了各国的重大历史事件和名胜古迹，还涉及了相关国家的文学作品和艺术创作。而在交际文化方面，教材则详细阐述了各国的行为规范、传统节日以及各种风俗习惯，从探讨不同国家的饮食习惯、节日习俗，到深入思考各国的行为准则，内容广泛且深入。由此可见，人教版英语教材在文化功能维度上提供了丰富的文化内容，包括生活方式、行为规范、风土人情、传统习俗、历史地理、文学艺术与价值观念等多个层面，极大地拓宽了学生的知识视野。

（2）文化内容呈现板块多样性

我们根据教材的结构，通过详细观察文化内容在每册书和每个单元板块中的分布比例，来深入分析其内容的呈现特征。

首先，从宏观角度来看，人教版英语教材中的文化内容在各册教材中均有体现，实现了全面的"宏观"呈现。各类主题的文化内容被巧妙地分布在各册教材中。当我们以文化地域和文化功能为分类视角，审视各板块中的文化内容呈现比例时，发现目的语国家的文化内容占比较高，而母语文化内容的比例则相对较低。同时，交际文化内容的比例也偏高，相比之下，知识文化内容的比例就显得偏低了。

其次，在微观层面上，人教版英语教材的每个单元都由听说板块、阅读板块、语法板块、写作板块以及自检板块这五个部分构成。经过深入分析，我们发现教材中的文化内容在单元的各个部分都有所体现，实现了细致的"微观"呈现。这意味着在一个单元中，五个部分都涉及了不同主题的文化内容。从文化功能的角度来看，既涉及了知识文化，也涉及了交际文化；而从文化地域的角度来看，则包含了目的语文化、母语文化以及其他文化。特别值得一提的是，文化内容在听说和阅读部分的呈现比例最高，这两个部分也自然是教师和学生最为关注的部分。

（3）文化内容呈现比例合理

这一结论基于我们对教材各单元功能属性的深入理解。听说部分旨在培养学生的听说能力，强调在真实语境中接触、体验和理解语言。因此，该部分更侧重于日常对话交流等简单语料，不适合过多地融入文化内容。语法部分则着重于让学生掌握本单元的重点语法知识和规则，并通过练习加以应用。所以，这一部分的内容主要是梳理和复现语法知识点，同样不适合过多涉及文化内容。写作部分则更注重考查学生的综合语言运用能力，突出实践性，使学生能将所学语言知识和技能应用于具体语境。这一特点也决定了该部分不适合过多地分布文化内容。自我检测部分作为单元的最后环节，主要用于检验学生对本单元所学知识的掌握情况，因此文化内容的设置应尽可能少。而阅读部分则非常适合设置文化内容，因为它侧重于培养学生的阅读能力和自主学习能力，并通过大量语篇和练习来实现这一目标。

综合以上对人教版英语教材功能属性的分析，并结合各板块中文化内容的实际呈现数据，我们发现：在阅读板块中，文化内容的比例最高；其次是听说板块；而在语法和自我检测部分，文化内容的比例相对较少，尤其在自我检测部分最为稀少。这种分布既符合教材的特征，也适应了学生的学习特点。尽管在语法板块和自我检测部分中，文化内容略显不足，但总体来看，人教版英语教材中的文化内容比例呈现是合理的。

（4）值得商榷的几个问题

首先，人教版英语教材中的文化内容在主题分布上呈现出不均衡的特点。根据文化地域分类的观点，该教材在选择文化内容时明显偏向于目的语文化。统计数据显示，目的语文化在教材中占据了主导地位，而母语文化和其他文化虽然也有所涉及，但相较于目的语文化而言，它们的呈现比例显著偏低。这种不均衡的文化主题分布在一定程度上体现了编者对文化多元性的考虑，但差异悬殊的比例仍然导致了文化内容的不平衡。这种不均衡的文化主题选择不利于培养学生的跨文化意识。学生在学习不同国家的文化内容时，难以进行有效的文化比较，也不利于他们形成全球文化意识。

其次，从外国文化的内部构成来看，目的语国家的文化，尤其是英美文化，在教材中占据了绝对的主导地位。而非目的语国家的文化内容则相对较少。这种不均衡的分布进一步凸显了教材中文化内容主题的不均衡性。为了更合理地设置文化内容比例，应适当调整不同主题的文化内容在教材中的分布，以实现英语课程标准中的目标，并达成英语文化教学的目标。这对培养学生的跨文化意识至关重要。

最后，值得注意的是，教材中少数文化内容缺乏时代感。当英语教材所选的文化素材和内容与现实生活相距甚远时，学生可能会对教师所讲授的教学内容感到陌生。这种情况可能不利于激发学生的学习热情，降低他们对文化内容的学习兴趣。因此，在选择文化内容时，应更注重其时代性和现实相关性，以更好地吸引学生的注意力并提高他们的学习兴趣。

2. 对教学的启示

根据英语教育专家刘道义的观点，一套出色的英语教材必须满足四个核心要求：符合国家政策、与课程标准同步、满足学生发展需求以及适应地方教育改革实际。为了更有效地融合文化学习和语言学习，使教材编制更为精细，进而帮助师生更高效地教授和理解教材中的文化内容，本研究基于研究结论和教材合理设置的原则，对教材和教师提出若干建议。

首先，英语教材在文化内容的整合上需要下足功夫。目前教材中的文化内容主题选择尚显单一，尤其缺乏文化对比的元素，然而这种对比对于培养学生的跨文化意识至关重要。因此，我们建议在文化内容主题选择方面，增加不同文化的对比内容，调整不同主题文化的呈现比例，将教材中的文化内容进行整合。例如，可以更多地融入中国人的生活方式、行为规范、传统习俗以及价值观念等文化内容。同时，为了培养学生的认知能力，教材中还应增加历史地理文化的内容。此外，教材编写者应具备全球视野，选择符合时代发展要求的内容，使学生能够顺应时代潮流，关注时事新闻，了解全球形势。

其次，教师在文化内容的板块呈现上可以进行调整。教师要考虑到学生的认知水平，根据不同的教学阶段，对文化内容进行循序渐进的编排。教材的各个阶段应包含一定数量的文化内容，并注意对文化内容的有序、系统的选择。听说板块由于在教学环节中所占时间较短，不宜设置过多文化内容；而阅读和写作板块对于培养学生的综合能力和跨文化交际能力至关重要，应充分利用这两个板块的功能属性，重新调整各个主题文化内容的比例。

对于英语教师而言，合理选择教材文化内容也显得尤为重要。教师不应完全拘泥于教材，而应根据教学目的、学生经验和教材特点灵活选择教学内容。教学内容应具有灵活性，教师可以根据当下情境、学生特点等适当增加或省略不必要的文化内容。在增加文化内容时，需注意与单元主题的一致性，并贴近学生生活、与当下时代相关。

再次，英语教师还需提升自身文化素养。教师可以通过阅读不同国家和民族的历史与文化书籍、利用互联网与外国友人交流等方式来增强跨文化素养。这样不仅能帮助教师更好地进行课堂文化教学，还能深度挖掘文化内容背后的内涵。

最后，在教学方法上，英语教师应丰富文化教学方式。可以采用文化渗透、文化旁白、文化对比、文化体验和文化讲座等多种形式进行文化教学。这些方法既能帮助学生更透彻地理解文化内涵，又能增强学生对不同文化的敏感度和认同感。

综上所述，为了更有效地融合文化学习和语言学习，我们需要在教材编写、教师教学方法上进行优化和提升。这样才能更好地培养学生的跨文化意识，提高他们的综合语言运用能力。

第二章

文化意识
与英语教学

随着课程标准理念的深入人心，越来越多的人认识到，英语教学已不仅仅局限于语言知识的传授，更涉及文化意识的培养。文化意识作为英语学科核心素养的重要组成部分，对于学生全面理解和掌握英语，提升跨文化交际能力具有重要意义。本章将从文化意识的角度出发，探讨其在英语教学中的作用与价值。通过分析文化意识与英语教学之间的内在联系，本章旨在强调在英语教学中注重文化意识的必要性，并提出相应的教学策略。通过培养学生的文化意识，我们不仅可以提高他们的英语水平，更能增强他们的国际视野和跨文化交际能力，为培养全球化时代所需的复合型人才打下基础。

第一节　文化意识的定义与理论基础

在这个全球化不断深化和国际联系日益加强的时代，文化意识已经成为教育领域的一个重要议题。特别是在高中英语教学中，增强学生的文化意识显得尤为迫切和重要。在此背景下，本章旨在系统地探讨文化意识的定义以及其理论基础，以期为追求更具有跨文化视角的英语教学提供支撑。

一、英语学科核心素养

随着全球化的加速推进和信息技术的迅猛发展，英语作为国际通用语言的重要性日益凸显。在这一背景下，我国的教育改革也在不断深入，旨在培养具有全球视野、跨文化交流能力的优秀人才。英语学科核心素养的提出，正是顺应了时代发展的需求，体现了我国教育改革的新方向和新要求。

1. 英语学科核心素养的内容

英语学科核心素养主要包括语言能力、文化意识、思维品质和学习能力四个方面。语言能力是指学生在英语听、说、读、看、写等方面的综合运用能力；文化意识是指学生对中外文化的理解和对优秀文化的认同，以及跨文化交流的能力；思维品质是指学生在英语学习过程中形成的逻辑思维、创新思维和批判性思维等能力；学习能力则是指学生自主学习、合作学习和终身学习的意识和能力。具体来说体现在如下几个方面：

首先，是语言能力的体现。这不仅仅体现在学生的听、说、读、看、写等基本技能上，还涉及他们理解和运用英语进行有效交流的能力。具体来说，学生能够流畅地进行日常对话，准确理解复杂的阅读材料，书写表达清晰的文章，甚至能够在特定的情境中，运用英语进行有效的跨文化交流。这种能力不仅反映了学生的语言水平，也体现了他们在社会情境中理解和表达意义的能力。

其次，文化意识也是英语学科核心素养的重要体现。学生应该具备对中外文化的理解和尊重，能够欣赏不同文化的优秀元素，形成开放、包容的文化态度。这种文化意识不仅有助于提升学生的跨文化交流能力，也能够培养他们的国际视野，使他们在全球化背景下更好地融入社会。

再次，思维品质也是英语学科核心素养的重要方面。这包括学生在英语学习过程中展现出的逻辑性、批判性和创新性思维。例如，学生能够运用逻辑推理来解决问题，能够批判性地看待各种信息，能够提出新颖的观点和解决方案。这种思维品质不仅有助于提升学生的英语学习效果，也能够培养他们的终身学习能力和创新精神。

最后，学习能力也是英语学科核心素养的重要体现。这包括学生的自主学习、合作学习和终身学习的意识和能力。学生应该能够主动寻找学习资源，有效规划和管理自己的学习时间和进度，也能够与他人合作，共同解决问题。这种学习能力不仅有助于学生在英语学科上取得好成绩，也能够为他们的未来发展奠定坚实的基础。

以上四个方面在英语学科核心素养中是相互依存、相互促进的。语言能力的发展为文化意识、思维品质和学习能力的提升提供了基础；文化意识的培养有助于增强学生的跨文化交流能力和国际视野；思维品质的提升则能够使学生更深入地理解英语学科的本质和内涵；而学习能力的培养则使学生能够更好地掌握学习方法和策略，从而更有效地提升自己的英语学科核心素养。

2. 英语学科核心素养的意义

英语学科核心素养的提出，对于推动我国英语教育的改革和发展具有重要意义。首先，它有助于提高学生的英语综合运用能力，使他们能够更好地适应全球化的挑战。其次，它有助于培养学生的跨文化交流能力，增强他们的国际竞争力。最后，英语学科核心素养的提出还有助于促进学生的全面发展，提升他们的综合素质。

3. 英语学科核心素养对高中英语教学的影响

（1）教学理念的更新：英语学科核心素养的提出，要求高中英语教师更新教学理念，从传统的以知识传授为主的教学模式，转变为以能力培养为核心的教学模式。这意味着教师在教学过程中需要更加注重学生的实际需求和发展特点，关注学生的思维发展和能力培养。

（2）教学内容的优化：为了培养学生的英语学科核心素养，高中英语教学内容需要进行相应的优化和调整。教师需要结合学生的生活实际和兴趣点，设计具有趣味性和实用性的教学活动，让学生在轻松愉快的氛围中学习英语，提高他们的学习兴趣和积极性。

（3）教学方法的创新：为了更好地培养学生的英语学科核心素养，高中英语教师需要不断创新教学方法和手段。例如，可以采用任务型教学、合作学习、探究学习等教学方法，让学生在参与和实践中提高英语综合运用能力；另外，也可以利用现代信息技术手段，如多媒体教学、网络教学等，为学生提供更加丰富多样的学习资源和学习平台。

（4）评价体系的完善：英语学科核心素养的提出，也对高中英语评价体系提出了新的要求。传统的以考试成绩为主的评价方式已经无法满足对学生核心素养的全面评价。因此，需要建立多元化的评价体系，包括形成性评价、终结性评价等多种方式，以全面、客观地评价学生的英语学科核心素养发展情况。

综上所述，英语学科核心素养的出台是我国教育改革的重要成果之一，它对于推动高中英语教学的改革和发展具有重要意义。高中英语教师需要积极适应这一变化，不断更新教学理念和方法，努力培养学生的英语学科核心素养，为他们的未来发展奠定坚实的基础。

二、文化意识的内涵

1. 国内外学者对文化意识的理解

在英语教学中，培养文化意识是一个至关重要的环节，而国外学者对于文化意识有着不同的定义和解释。以下是几位具有代表性的国外学者对文化意识的定义：

哈维（Harvey）：他认为文化意识是在跨文化交际过程中对文化的敏感度。哈维将文化意识划分为四个层次，这些层次涵盖了从对母语文化的表层文化现象的理解，到从母语文化的视角去认识和解读异文化的深层内涵。这一定义强调了在跨文化交流中对不同文化层次和维度的感知和理解。

阿德勒（Adler）：阿德勒将文化意识定义为在跨文化交际过程中参与者对文化因素的敏感性。他强调了在跨文化交流中，个体需要对不同文化背景下的行为、价值观和信仰保持敏感，以便更好地理解和适应不同的文化环境。

特里安迪斯（Triandis）：特里安迪斯认为文化意识涉及对文化因素的内化性洞察力。这意味着个体不仅需要在表面上理解和认识文化，更需要将文化因素内化到自己的思维和行为中，形成对文化的深入理解和洞察。

米尔顿·J·贝内特（Milton J. Bennett）：贝内特将文化意识视为一种文化互动和观念互动的过程。他强调了在跨文化交流中，个体需要积极参与文化互动，通过与他人交流、观察和反思，来增强自己的文化意识和跨文化交际能力。

这些国外学者对文化意识的定义都强调了跨文化交际中对文化的敏感性和深入理解的重要性。他们从不同的角度和层面阐述了文化意识的内涵，为我们在英语教学中培养学生的文化意识提供了重要的理论参考。

在国内英语教学领域中，学者们对文化意识这一概念也进行了深入的探讨，给出了各自独到的定义。以下是几个具有代表性的国内学者对文化意识的定义：

胡文仲教授认为，文化意识是人们对于文化的一种自觉且能动的认识活动。他强调，在学习语言的过程中，人们应同时领悟文化的内涵，接受文化的熏陶，并将这种文化认识内化为一种追求文化的情感。这一观点突出了文化意识在语言学习中的重要作用，以及文化认知与情感体验的紧密联系。

高一虹教授则将文化意识定义为对文化多元性的意识、对差异的宽容态度、对异文化成员的共情能力，以及对母语文化价值观念及行为方式的觉察和反省。她强调了文化意识中的多元性、包容性和反思性，认为文化意识不仅仅是了解不同文化，更重要的是理解和尊重文化差异，以及反思自身文化。

林娟娟认为，文化意识是人们对自身文化和其他文化的理解，它深刻影响人们的行为和观念，尤其对人类行为的表现和文化模式差异的认知。她强调了文化意识在塑造人们行为和观念方面的作用。

这些国内学者对文化意识的定义，都强调了文化认知的重要性，以及文化意识在跨文化交际和语言学习中的关键作用。这些定义为我们深入理解文化意识，以及在英语教学中培养学生的文化意识提供了有益的参考。

需要注意的是，这些定义并非绝对，文化意识是一个复杂且多维度的概念，不同的学者可能根据自己的研究背景和关注点给出不同的定义。因此，在实际教学中，我们需要根据具体情况灵活运用这些定义，以帮助学生更好地理解和培养文化意识。

2.《普通高中英语课程标准（2017年版2020年修订）》中对文化意识的定义

文化意识指对中外文化的理解和对优秀文化的认同，是学生在全球化背景下表现出的跨文化认知、态度和行为取向。文化意识体现英语学科核心素养的价值取向。文化意识的培育有助于学生增强国家认同和家国情怀，坚定文化自信，树立人类命运共同体意识，学会做人做事，成长为有文明素养和社会责任感的人。在该课程标准中，文化意识被视为英语学科核心素养的重要组成部分，体现了英语学科超越"工具论"的价值取向。

文化意识的内涵非常丰富，主要包括以下几个方面：

（1）文化知识：这是文化意识的基础，涉及所学语言国家的历史、地理、风俗习惯、文学艺术、价值观念等。通过学习这些知识，学生能够初步了解中外文化的异同，为后续的跨文化交流打下基础。

（2）文化理解：这是对文化差异的理解和尊重。学生需要认识到不同文化之间的差异性，并学会以开放、包容的态度看待这些差异。这种理解有助于培养学生的跨文化意识和国际视野。

（3）跨文化交际能力：这是文化意识的核心能力。学生需要具备在跨文化背景下进行有效交际的能力，包括使用所学语言进行口头和书面交流，以及处理跨文化交际中可能出现的误解和冲突。

文化意识的培养在英语学习中具有重要意义。首先，通过培养文化意识，学生能够更好地理解和适应不同文化环境，提高自己在跨文化背景下的交际能力。这对于未来的国际交流和合作至关重要。其次，文化意识使学生能够接触到不同文化的优秀元素，从而拓宽他们的国际视野。这有助于培养学生的全球意识和国际竞争力。最后，通过学习英语和了解不同文化，学生可以提升自己的文化素养和人文精神，成为具有文明素养和社会责任感的人。更重要的是，在了解和尊重他国文化的同时，文化意识的培养也有助于学生更好地认识和传承本国文化，从而增强文化自信。

文化意识与跨文化交流之间的关联是深刻且紧密的，它们相互依存、相互促进，共同构成了我们在全球化时代中有效沟通与交流的重要基石。

首先，文化意识是跨文化交流的前提和基础。文化意识的形成使我们能对不同文化的起源、发展、价值观、习俗等有一个全面而深入的了解。这种了解有助于我们消除文化偏见和刻板印象，以开放、包容的态度去接纳和理解其他文化。在跨文化交流中，这种文化意识使我们能够更准确地把握对方的文化背景，预测和解读对方的行为和言语，从而避免误解和冲突，实现有效的沟通。

其次，跨文化交流是文化意识得以体现和应用的重要场景。通过跨文化交流，我们可以将所学的文化知识付诸实践，检验和提升我们的文化意识。在交流过程中，我们可能会遇到各种文化差异带来的挑战，如语言障碍、习俗不同、价值观冲突等。正是这些挑战促使我们不断反思和调整自己的文化态度和行为，进一步丰富和深化我们的文化意识。

再次，文化意识与跨文化交流在相互促进中不断发展。随着跨文化交流的增加，我们会接触到越来越多的不同文化，这为我们提供了更广阔的文化视野和更丰富的文化体验。这些新的文化元素和体验会不断充实我们的文化意识，使其更加完善和成熟。同时，随着文化意识的提升，我们的跨文化交际能力也会得到相应的提高，使我们在跨文化交流中更加自信、从容和有效。

最后，值得注意的是，文化意识与跨文化交流并不是单向的线性关系，而是相互交织、相互影响的复杂过程。它们在我们的日常生活和工作中不断发生作用，共同推动我们向着一个更加包容、理解、和谐的世界迈进。

综上所述，文化意识与跨文化交流之间存在着密切而复杂的关联。它们相互促进、共同发展，使我们在全球化时代中能够更好地理解和适应不同文化环境，实现有效的跨文化交流。

第二节　课程标准视角下的
文化知识与文化意识

众所周知，文化知识与文化意识是英语教育中不可或缺的一部分。他们关系紧密相连，二者相辅相成，共同构成了学生文化素养的重要组成部分。

首先，文化知识是文化意识的基础。通过学习和掌握丰富的文化知识，学生可以更深入地了解不同文化的历史背景、社会习俗、价值观念等，从而为他们形成正确的文化意识提供坚实的理论基础。在课程标准的指导下，英语教学不再仅仅关注语言技能的传授，而是将文化知识融入其中，让学生在学习语言的同时，也能领略到不同文化的魅力。

其次，文化意识是对文化知识的升华和应用。它不仅仅是对文化知识的简单理解，更包括对不同文化的尊重、理解和包容。具备良好的文化意识，学生能够在跨文化交流中表现出更高的敏感性和适应性，避免因文化差异而产生误解和冲突。在课程标准的培养目标中，文化意识的形成被视为学生跨文化交际能力的重要组成部分，体现了英语教育的人文性和实用性。

因此，课程标准视角下的文化知识与文化意识是相互促进、共同发展的关系。通过加强文化知识的教学，可以帮助学生树立正确的文化意识；而文化意识的提升，又能促使学生更加积极地学习和探索文化知识。这种良性的循环过程，对于学生的全面发展具有重要意义。

为此，不管是义务教育阶段还是高中阶段的课程标准都对文化知识与文化意识有明确的学习内容和学习目标。

　　义务教育阶段的课程标准明确指出"文化知识既包括饮食、服饰、建筑、交通，以及相关发明与创造等物质文化的知识，也包括哲学、科学、历史、语言、文学、艺术、教育，以及价值观、道德修养、审美情趣、劳动意识、社会规约和风俗习惯等非物质文化的知识。文化知识的学习不限于了解和记忆具体的知识点，更重要的是发现、判断其背后的态度和价值观。"具体内容要求见下表：

文化知识内容要求

级别	内容要求
一级	1. 人际交往中英语与汉语在表达方式上的异同，如姓名、称谓、问候等； 2. 不同国家或文化背景下的学校生活、家庭生活、饮食习惯等的异同； 3. 中外典型文化标志物和传统节日的简单信息
二级	1. 不同文化背景下，人们的行为举止、生活习俗、饮食习惯、待人接物的礼仪，应当规避的谈话内容； 2. 中外重大节日的名称、时间、庆祝方式及其意涵； 3. 简单的英语优秀文学作品（童话、寓言、人物故事等）及其蕴含的人生哲理或价值观； 4. 为人类社会进步作出重大贡献的中外代表人物及其成长经历； 5. 中外主要体育运动项目、赛事，优秀运动员及其成就和体育精神； 6. 中外艺术领域有造诣的人物及其作品； 7. 世界主要国家的基本信息（如首都、国旗和语言等）、旅游文化（重要文化标志物等）和风土人情等，对文化多样性的感知与体验
三级	1. 世界主要国家待人接物的基本礼仪和方式，体现文化的传承和人与人之间的相互尊重； 2. 具有优秀品格的中外代表人物及其行为事迹； 3. 中外优秀艺术家及其代表作品，以及作品中的寓意； 4. 中外优秀科学家，其主要贡献及具有的人文精神和科学精神； 5. 中外主要节日的名称、庆典习俗、典型活动、历史渊源； 6. 中外餐桌礼仪，典型饮食及其文化寓意； 7. 世界主要国家的名称、基本信息（如首都、地理位置、主要语言、气候特征等）、社会发展，以及重要标志物的地点、特征和象征意义； 8. 中外名人的生平事迹和名言，以及其中蕴含的人生哲理； 9. 不同文化背景下，人们关于生命安全与健康的态度和观念； 10. 不同文化背景下，人们的理财观念和方式及其带来的影响； 11. 中外大型体育赛事的项目名称、事实信息、历史发展、优秀人物及其传递的体育精神； 12. 不同文化背景下，人们的劳动实践和劳动精神； 13. 不同国家青少年的学习和生活方式

对于培育文化意识的目标，义务教育阶段的课程标准要求"能够了解不同国家的优秀文明成果，比较中外文化的异同，发展跨文化沟通与交流的能力，形成健康向上的审美情趣和正确的价值观；加深对中华文化的理解和认同，树立国际视野，坚定文化自信。"（详见下表）

文化意识学段目标

表现	3~4年级/一级	5~6年级/二级	7~9年级/三级
比较与判断	有主动了解中外文化的愿望；能在教师指导下，通过图片、配图故事、歌曲、韵文等获取简单的中外文化信息；观察、辨识中外典型文化标志物、饮食及重大节日；能用简单的单词、短语和句子描述与中外文化有关的图片和熟悉的具体事物；初步具有观察、识别、比较中外文化的意识	对学习、探索中外文化有兴趣；能在教师引导下，通过故事、介绍、对话、动画等获取中外文化的简单信息；感知与体验文化多样性，能在理解的基础上进行初步的比较；能用简短的句子描述所学的与中外文化有关的具体事物；初步具有观察、识别、比较中外文化异同的能力	能初步理解人类命运共同体和全人类共同价值的概念；能通过简短语篇获取、归纳中外文化信息，认识不同文化，尊重文化的多样性和差异性，并在理解和比较的基础上作出自己的判断；能用所学语言描述文化现象与文化差异，表达自己的价值取向，认同中华文化；树立国际视野，具有比较、判断文化异同的基本能力
调适与沟通	有与人交流沟通的愿望；能大方地与人接触，主动问候；能在教师指导下，学习和感知人际交往中英语独特的表达方式；能理解基本的问候、感谢用语，并作出简单回应	对开展跨文化沟通与交流有兴趣；能与他人友好相处；能在教师引导下，了解不同文化背景下人们待人接物的礼仪；能注意到跨文化沟通与交流中彼此的文化差异；能在人际交往中，尝试理解对方的感受，知道应当规避的谈话内容，适当调整表达方式，体现出礼貌、得体与友善	能认识到有效开展跨文化沟通与交流的重要性；对具有文化多样性的活动和事物持开放心态；了解不同国家人们待人接物的基本礼仪、礼貌和交际方式；能初步了解英语的语用特征，选择恰当的交际策略；能意识到错误并进行适当的纠正；在人际交往中，学会处理面对陌生文化可能产生的焦虑情绪，增强跨文化沟通与交流的自信心；初步具备用所学英语进行跨文化沟通与交流的能力

续 表

表现	3~4年级/一级	5~6年级/二级	7~9年级/三级
感悟与内化	有观察、感知真善美的愿望；明白自己的身份，热爱自己的国家和文化；能在教师指导下，感知英语歌曲、韵文的音韵节奏；能识别图片、短文中体现中外文化和正确价值观的具体现象与事物；具有国家认同感，对中华优秀传统文化感到骄傲	对了解中外文化有兴趣；能在教师引导下，尝试欣赏英语歌曲、韵文的音韵节奏；能理解与中外优秀文化有关的图片、短文，发现和感悟其中蕴含的人生哲理；有将语言学习与做人、做事相结合的意识和行动；体现爱国主义情怀和文化自信	能理解与感悟中外优秀文化的内涵；领会所学简短语篇蕴含的人文精神、科学精神和劳动价值，感悟诚实、友善等中外社会生活中的传统美德；能自尊自爱，正确认识自我，关爱他人，尊重他人，有社会责任感；能欣赏、鉴别美好事物，形成健康的审美情趣；具有国家认同感和文化自信，有正确的价值观和积极向上的情感态度；有自信自强的良好品格，做到内化于心、外化于行

同样地，在高中阶段的课程标准中也对文化知识教学内容和目标，提出了具体的要求（详见下表）。同时，高中英语课程标准指出"学生通过义务教育课程的学习，对中外文化知识已经有了诸多积累，进入高中后将进一步扩大对中外文化知识学习的范围，丰富学习的内容，学会用英文讲述好中国的故事"。

普通高中英语课程标准对文化知识内容的要求

课程类别	文化知识内容要求
必修	1. 了解英美等国家的主要传统节日及其历史与现实意义；比较中外传统节日的异同，探讨中外传统节日对文化认同、文化传承的价值和意义； 2. 了解英美等国家的主要习俗；对比中国的主要习俗，尊重和包容文化的多样性； 3. 了解英美等国家主流体育运动，感悟中外体育精神的共同诉求； 4. 了解英美等国家主要的文学家、艺术家、科学家、政治家及其成就、贡献等，学习和借鉴人类文明的优秀成果； 5. 发现并理解语篇中包含的不同文化元素，理解其中的寓意； 6. 理解常用英语成语和俗语的文化内涵；对比英汉语中常用成语和俗语的表达方式，感悟语言和文化的密切关系；

续 表

课程类别	文化知识内容要求
必修	7. 在学习活动中初步感知和体验英语语言的美； 8. 了解英美等国家人们在行为举止和待人接物等方面与中国人的异同，得体处理差异，自信大方，实现有效沟通； 9. 学习并初步运用英语介绍中国传统节日和中华优秀传统文化（如京剧、文学、绘画、园林、武术、饮食文化等），具有传播中华优秀传统文化的意识
选择性必修	1. 了解英美等国家地理概况、旅游资源（自然及人文景观、代表性动植物、世界文化遗产等），加深对人与自然的关系的理解； 2. 了解英美等国家政治和经济等方面情况的基本知识；比较中外差异，认同人类共同发展的理念； 3. 理解常用英语典故和传说；比较汉语中相似的典故和传说，分析异同，理解不同的表达方式所代表的文化内涵； 4. 了解常用英语词语表达方式的文化背景；对比汉语词语相似的表达方式，丰富历史文化知识，从跨文化角度认识词语的深层含义； 5. 在学习活动中理解和欣赏英语语言表达形式（如韵律等）的美； 6. 理解和欣赏部分英语优秀文学作品（戏剧、诗歌、小说等）；从作品的意蕴美中获得积极的人生态度和价值观启示； 7. 通过比较、分析、思考，区分和鉴别语篇包含或反映的社会文化现象，并作出正确的价值判断； 8. 了解英美等国家主要大众传播媒体，分析辨别其价值取向； 9. 了解中外文化的差异与融通，在跨文化交际中初步体现交际的得体性和有效性； 10. 使用英语简述中华文化基本知识，包括中华传统节日、中华优秀传统文化的表现形式（如京剧、文学、绘画、园林、武术、饮食文化等）及其内涵，主动传播和弘扬中华优秀传统文化
选修（提高类）	1. 了解英美等国家的主要文化特色，吸收国外的优秀文化成果； 2. 了解世界重要历史文化现象的渊源，认识人类发展的相互依赖性和共同价值，树立人类命运共同体意识； 3. 了解英美等国家对外关系特别是对华关系的历史和现状，加深对祖国的热爱，捍卫国家尊严和利益； 4. 理解和欣赏经典演讲、文学名著、名人传记等，感悟其精神内涵，反思自己的人生成长； 5. 在学习活动中观察和赏析语篇包含的审美元素（形式、意蕴等），获得审美体验，形成对语言和事物的审美感知能力； 6. 运用中外典故和有代表性的文化标志表达意义和态度，有效进行跨文化沟通； 7. 了解中国对外经济、政治、文化的积极影响，感悟中华文明在世界历史中的重要地位，树立中华文化自觉，坚定文化自信

在高中英语课程标准中提出了三级学业质量水平的具体描述，笔者把其中跟文化意识相关的提取出来汇集在下表中，便于我们聚焦相应的文化意识要求（详见下表）。

高中英语学业质量水平与文化意识

学业质量	文化意识要求
水平一	1. 在听的过程中，能抓住日常生活语篇的大意，获取文化背景； 2. 能口头介绍中外主要节日等中外文化传统和文化背景； 3. 能通过读与看，抓住日常生活语篇的大意，获取其中的文化背景； 4. 能识别语篇直接陈述的情感态度、价值观和社会文化现象； 5. 能介绍中外主要节日和中华优秀传统文化
水平二	1. 在听的过程中，能抓住熟悉话题语篇的大意，获取其中的文化背景； 2. 根据交际场合的正式程度和行事程序，选择正式或非正式、直接或委婉的语言形式表达道歉、请求、祝愿、建议、拒绝、接受等，体现文化理解，达到预期交际效果； 3. 能在表达中借助语言建构交际角色，体现跨文化意识和情感态度； 4. 能理解语篇反映的文化背景；能推断语篇中的隐含意义； 5. 能理解语篇中特定语言的使用意图以及语言在反映情感态度和价值观中所起的作用； 6. 能根据所学概念性词语，从不同角度思考和认识周围世界；能识别语篇间接反映或隐含的社会文化现象
水平三	1. 能通过听，理解其中的文化背景； 2. 能理解电影、电视、广告等视觉媒体传递的信息、意义和情感态度； 3. 在比较复杂的语境中，能口头描述自己或他人的经历，表达情感态度； 4. 根据社会交往场合的正式程度、行事程序以及与交际对象的情感距离，选择正式或非正式、直接或委婉的语言形式恰当地交流和表达态度、情感和观点，体现文化理解，达到预期交际效果； 5. 能针对所看的电影、电视、演讲等发表评论，表达个人观点； 6. 能阐释和评价语篇所反映的情感、态度和价值观； 7. 能理解和欣赏经典演讲、文学名著、名人传记、电影、电视等，分析评价语篇所包含的审美元素； 8. 能通过书面方式再现想象的经历和事物，对事实、观点、经历进行评论；能根据需要创建不同形式的语篇

除了文化意识，英语学科的其他核心素养还蕴含了与文化意识紧密相关的内容。在推行文化意识教育时，我们需要将这些内容进行整合。具体来说，语言能力目标鼓励学生深入认识到英语学习和个人成长、国家发展以及社会进

步的紧密联系，理解语言与全球视野、文化与思维之间的深刻关联。在英语理解过程中，他们应能推断出作者的意图、情感、态度和价值取向；在英语表达时，能清晰地表达个人观点和情感，并体现出明确的意图、态度和价值取向。在思维品质目标方面，学生应能敏锐地观察语言和文化的各种现象，能够辨析和判断不同观点和思想的价值，从而做出准确的评价。而学习能力目标则要求学生全面且正确地认识到英语学习的重要性，保持对英语学习的浓厚兴趣与强烈愿望，勇于面对学习中的困难并找到解决之道，对英语学习充满自信并享受其带来的成就感。这些方面共同体现了价值观念与必备品格在其他英语学科核心素养中的融合。

第三章

中华优秀文化
与高中英语教学

高中英语教材不仅是传授语言知识的工具，更是实践党的教育方针、实现立德树人目标的关键媒介。据《普通高中英语课程标准（2017年版2020年修订）》［简称《英语课标（2020年）》］阐述，文化意识的培育对于学生增强国家认同感和家国情怀至关重要，这也使得高中英语课程必须着重于学生的文化意识培养。同时，高中教育应拓展中外文化知识的学习，加深学生对文化差异的理解，坚定他们的文化自信，并培养他们跨文化交流和传播中华文化的能力。

在全球化的大背景下，英语教育不再仅仅是语言学习的平台，更承载了文化教育的重任。为了提升我国的国际地位，巩固文化自信，以及更好地推广中华文化，我们必须思考"如何引导学生基于中国文化的立场，去欣赏世界的多元文化，并用英语有效地传播中国故事"。这已成为新时代英语教材所承载的重要文化任务。

近年来，国内学者对英语教材中的文化研究表现出了浓厚的兴趣，特别是在高中和大学阶段。这些研究涵盖了对各种版本教材的分析，包括单一版本、多版本对比，以及新旧版本的对比。但现有的研究还不够系统和全面，且许多版本的英语教材尚未引起广泛关注。人教版普通高中英语教科书（2019）作为国内"代表性"教材，完美融合了语言和文化学习，着重于中华优秀文化的传承与弘扬，以及中外文化的交流。与旧版相比，新教材在内容、设计和活动方面都进行了优化。因此，对人教版等新教材中的中华文化元素进行深入系统的研究，具有非常重要的现实意义。

第一节　国内外教材文化呈现研究述评

一、国外教材文化呈现研究之回顾与前瞻

国外对教材文化的探索可追溯至20世纪70年代，由Nostrand（1974）率先系统地将文化细分为文化、社会、生态技术以及个人四大板块，为后续的教材文化研究提供了初步的框架。进入90年代，Byram（1993）进一步丰富了这一领域，他提出了包含社会认同和群体意识、社会交往、信仰与行为、社会政治制度、社会化和社会生活、国家历史、国家地理以及文化定势和文化认同在内的八项教材文化内容评估准则。这些标准为后续的文化分类和文化呈现研究提供了有力的理论支撑。

随着研究的深入，《21世纪外语学习标准》（1996）从另一个维度将文化剖析为产品、实践和观念三大部分，而Cortazzi和Jin则从教材的角度出发，将文化划分为本族语文化、目的语文化和世界文化，这种分类方式为跨文化教学和教材编写提供了新的视角。到了21世纪初，Brody创新性地提出大C文化和小c文化的概念，前者代表宏观的文明，后者则指某一特定群体的生活方式。这一分类与"产品、实践和观念"形成了有趣的对应关系。在此基础上，Bennett等人进一步整合，将大C文化和小c文化合并归为"客观文化"，并相对应地提出了包含世界观、价值观和信念的"主观文化"。Moran的研究则更为细致，他在前述分类的基础上增加了文化人物和文化社群两个类别，从而将文化细分为文化产品、文化实践、文化观念、文化人物和文化社群五大类。这些细致的分类不仅丰富了教材文化研究的理论体系，也为后来的实践研究提供了有力的指导。

在实践层面，国外学者对不同国家和地区的教材进行了广泛而深入的研究。例如，Yamada对日本初中英语教材进行了深入的文化呈现分析，揭示了内圈文化、外圈文化和扩展圈文化在教材中的不同呈现比例。Risager则从多个维度出发，结合多种语言教材实例，强调了教材在文化、社会和跨文化知识呈现方面的重要性。此外，Lee & Li对中国大陆使用的系列教材进行了文化呈现的对比分析，Rahim & Daghigh对本土和进口教科书中的文化内容和跨文化内容进行了深入比较。这些实践研究不仅揭示了教材中文化呈现的现状和问题，也为教材编写和教学提供了有益的参考。

尽管国外在教材文化呈现方面已经取得了显著的研究成果，但仍存在一些问题和挑战。首先，目前的研究仍缺乏相对系统和全面的探究，特别是在全球化背景下如何更平衡、多元地呈现各种文化方面还有待深入研究。其次，随着教育技术的不断发展和教育理念的不断更新，如何将新的教育理念和技术手段融入教材文化呈现中也是一个值得探讨的问题。因此，在未来教材文化呈现研究相关领域仍有待更多学者进一步探讨和创新。

二、国内教材文化内容的呈现研究评述

国内学者对于教材文化呈现的研究，主要从内容和方式两个维度进行理论和实践的深入探讨。在理论研究层面，针对教材文化的呈现内容，牛新生依据文化的构成要素，将其详细划分为物质文化、精神文化、行为文化、观念文化以及社会文化五大类别。周小兵等人为国际汉语教材制作了文化项目表，其中涵盖了包括中国国情、文化成就、生活习俗、交际活动以及思想观念等多个方面。此外，他们还进一步细化了各类别的具体内容，如将中国国情细分为政治、法律、经济等12个子项目。

张虹和于睿则借鉴了Byram的文化分类理论，将中华文化分解为传统文化、革命文化和现代文化，并对每一类别进行了详尽的列举。同时，张虹和李晓楠在综合了多位学者的分类方式后，创新性地提出了将文化呈现内容分为母语文化、目标语国家文化、国际文化以及共有文化四大类，并构建了一套英语教材文化呈现分析框架，这一框架为近年来的相关研究提供了重要的理论指导。

　　在探讨教材文化的呈现方式上，周小兵等人将教材中的文化内容明确划分为显性文化语篇和隐性文化内容，并对这两种形式进行了明确定义。张虹和于睿也采用了显性和隐性的分类方式，但更进一步地将显性呈现细化为视听读文本，隐性呈现则包括各种课后练习。而张虹和李晓楠在此基础上对显隐性呈现方式进行了更为精细的调整和权重分配。

　　在实践研究方面，国内学者的关注点主要集中在高中和大学两个阶段，涉及对单一版本教材的研究、多版本之间的对比研究，以及新旧版本的对比研究等。就文化呈现内容而言，当前外语教材仍然以内圈国家文化或目标语国家文化为主导，中华文化的比例相对较低；而在中华文化的呈现上，又主要以传统文化、现代文化或社会主义先进文化为主，革命文化的呈现则显得相对不足。从文化呈现方式来看，教材文化更多地以隐性方式呈现，尽管部分教材在显性和隐性呈现上做得相对均衡。

　　多位学者如唐霜、刘艳红、张虹、于睿以及李晓楠等都通过实证研究发现了教材中文化呈现的诸多问题，如英美文化占据优势地位、其他内圈文化呈现不足、中华文化比例过低等。这些问题都指出了当前教材在文化呈现上的不足和需要改进的地方。

　　综上所述，虽然国内学者在教材文化呈现方面已经取得了显著的研究成果，并建立了相对完善的教材评价标准和评估体系，但仍存在诸多待解决的问题和挑战。特别是在英语教材的文化呈现上，还需要更加系统和全面的研究，以确保各种文化能够得到均衡和全面的呈现。因此，本研究将基于前人的研究基础，对人教版普通高中英语教科书（2019）中的中华文化呈现内容和方式进行深入探究，旨在为教材文化呈现研究提供新的视角和思路，也为高中英语文化教学提供更为切实可行的建议。

第二节　高中英语教材中的
中华文化内容呈现剖析

一、中华文化在英语教材中的综合呈现

　　本研究借助AntConc 4. 1. 4语料库检索工具，以人教版普通高中英语教科书（2019）的必修和选择性必修模块中的视听读文本为例，进行了详尽的关键词检索与文本分析。同时，对于语料库软件无法自动检索和识别的文本、图片以及练习内容，我们进行了人工的细致检索、科学归类与精确统计。经过这一系列工作，我们总结出了高中英语教材两大模块中中华文化的整体呈现情况（详见下表）。

教材中中华文化内容呈现总体情况

第一层项目	第二层项目	次数	比例
A中国国情	人民	203	22.61%
	地理	136	15.14%
	文化遗产保护	83	9.24%
	教育	57	6.35%
	历史	45	5.01%
	政治	12	1.34%
	经济	12	1.34%
	环境保护	11	1.22%
	体育	7	0.78%
	社会保障	6	0.67%
	大众传媒	1	0.11%
		573	63.81%

第一层项目	第二层项目	次数	比例
B成就文化	科技	55	6.12%
	艺术	54	6.01%
	文学	44	4.90%
	语言文字	35	3.90%
		188	20.94%
C日常生活和习俗	饮食与习俗	54	6.01%
	节日	47	5.23%
	学习与工作	3	0.33%
	安全	2	0.22%
		106	11.80%
D交际活动	国际援助	18	2.00%
	跨文化交际	10	1.11%
		28	3.12%
E思想观念	哲学思想	2	0.22%
	人生观	1	0.11%
		3	0.33%
总计		898	100.00%

　　根据上表的数据展示，该套教材在必修和选择性必修两大模块中，中华文化内容覆盖了"中国国情、成就文化、日常生活和习俗、交际活动、思想观念"五大类别，合计出现了898次。具体来看，"中国国情"这一类别占据了最大比重（63.81%），在教材中呈现了573次，显示出教材对中国国情的重视；"成就文化"紧随其后（20.94%），共出现188次；而"日常生活和习俗"位于中间位置（11.80%），呈现了106次。相比之下，"交际活动"和"思想观念"在教材中的呈现频率较低（分别占3.12%和0.33%），仅出现了28次和3次。由此可见，这七册教材在内容编排上更倾向于突出"中国国情"和"成就文化"，而对于"日常生活和习俗""交际活动"以及"思想观念"等类别的文化内容则相对较少涉猎，其中"思想观念"类别的文化内容呈现最为薄弱。

　　上表数据显示，"中国国情"涵盖人民、地理、文化遗产保护、教育等11个类别。其中，人民、地理、文化遗产保护和教育是重点，分别占比22.61%、15.14%、9.24%和6.35%。例如，教材中介绍了名人如郎平的事迹以及苗族和侗族的丰富文化。地理方面，教材聚焦于动植物、各类公园与文博场馆、自然地貌及旅游景点等，如藏羚羊、张掖丹霞地质公园以及中国的喀斯特地貌。在文化遗产保护领域，敦煌莫高窟和同里古镇等重要文化遗产也得到了详尽的介绍。教育方面则主要涉及国际教育内容，如汉语水平考试等。

"成就文化"包含科技、艺术、文学和语言文字四个方面。科技文化占比最高，达到6.12%，其中详细介绍了神舟系列航天器等重大科技成果。艺术方面，教材通过中国书法等艺术形式呈现了中国的传统艺术魅力。文学领域则通过引入辛弃疾的词作等经典文学作品，让学生感受中国文学的深厚底蕴。在语言文字方面，教材深入讲解了汉字书写体系等内容，占比3.90%。

"日常生活和习俗"包括饮食与习俗、节日、学习与工作和安全四个方面。其中，饮食与习俗占比最多，达到6.01%，详细介绍了中国茶文化和传统美食如宫保鸡丁等。节日方面占比5.23%，通过介绍厦门国际风筝节等传统节日活动，让学生深入了解中国的节日文化。安全文化虽然占比最少，但也通过展示中国急救培训现场等内容，提升了学生的安全意识。

在"交际活动"方面，教材涵盖了国际援助和跨文化交际两个方面，分别占比2.00%和1.11%，通过介绍中国国际援助以及中美点餐差异等实例，增强学生的跨文化交际能力。在"思想观念"方面，教材通过引入孔子的哲学思想和人生观等内容，引导学生深入思考中国传统文化和现代社会的价值观。虽然这部分占比不高（哲学思想0.22%，人生观0.11%），但对学生思想观念的塑造具有重要意义。

二、各册教材中中华文化内容呈现情况

根据下表所显示的数据，人教版普通高中英语教科书（2019）在中华文化内容的呈现上分布得相当均匀。在898次的总呈现次数中，各册的呈现频率相对均衡：必修第一册136次，占15.14%；必修第二册149次，占16.59%；必修第三册143次，占15.92%；选择性必修第一册126次，占14.03%；选择性必修第二册以152次位居榜首，占16.93%；选择性必修第三册展示了116次，占12.92%；而选择性必修第四册则有76次，占8.46%。从这些数据可以看出，每册教材都较为

充分地展示了中华文化，其中选择性必修第二册的展示次数最多，接下来依次是必修第二册、必修第三册、必修第一册、选择性必修第一册、选择性必修第三册和选择性必修第四册。

各册教材中中华文化内容呈现情况

	必修一	必修二	必修三	选择性必修一	选择性必修二	选择性必修三	选择性必修四	总计
A	87	135	78	113	88	45	27	573
B	42	10	15	8	15	71	27	188
C	4	3	48	2	43	0	6	106
D	3	1	0	3	5	0	16	28
E	0	0	2	0	1	0	0	3
总计	136	149	143	126	152	116	76	898
比例	15.14%	16.59%	15.92%	14.03%	16.93%	12.92%	8.46%	100.00%

上表的数据还进一步揭示了一些具体的文化分类在各册教材中的分布情况。"中国国情"这一类在必修第二册中的出现次数最多，高达135次；而"成就文化"则在选择性必修第三册中最为突出，共呈现了71次。对于"日常生活与习俗"，必修第三册中的描述最为丰富，共有48次。至于"交际活动"，选择性必修第四册中最为多见，达到16次。值得注意的是，"思想观念"这一类别仅在必修第三册和选择性必修第二册中合计出现了3次。

另一个值得关注的点是，在这七册教材中，有六册存在某种文化类别的缺失。例如，必修第一册、必修第二册、选择性必修第一册、选择性必修第三册以及选择性必修第四册都没有涵盖"思想观念"这一类别。同时，必修第三册和选择性必修第三册都缺少了"交际活动"的内容。唯一例外的是选择性必修第二册，它全面覆盖了所有五个文化类别。

综上所述，这七册教材在整体上对中华文化的展示是相当均衡的，但具体到各个文化类别，则可以看出教材对于"中国国情"和"成就文化"的重视程度相对较高。

三、教材各板块中华文化内容呈现情况

根据下表的数据统计，人教版普通高中英语教科书（2019）中关于中华文化的内容主要在"单元内容"部分得到最多的展示，总共呈现了611次，占总数的68.04%。其次是在Workbook部分，呈现了246次，占比达到27.39%。相比之下，视听文本部分的呈现次数较少，仅有41次，占比为4.57%。由此可见，中华文化的主要内容都集中在单元内容部分进行展示。

教材各板块中华文化内容呈现情况

项目	板块	次数	比例
01 单元内容	Reading and Thinking	110	12.25%
	*Video Time	107	11.92%
	Using Language（1）	75	8.35%
	Listening and Speaking	72	8.02%
	Assessing Your Progress	64	7.13%
	Learning about Language	48	5.35%
	Using Language（2）	31	3.45%
	Opening Page	30	3.34%
	Reading for Writing	28	3.12%
	Listening and Talking	27	3.01%
	Discovery Useful Structures	19	2.12%
		611	68.04%
02 Workbook	Reading and Writing	89	9.91%
	Using Structures	56	6.24%
	Using Words and Expressions	38	4.23%
	Listening and Speaking	33	3.67%
	*Expanding Your World	30	3.34%
		246	27.39%
03 视听文本	Listening and Speaking	11	1.22%
	*Video Time	10	1.11%
	Using Language（1&2）	9	1.00%
	Listening and Talking	6	0.67%
	Listening and Speaking（Workbook）	5	0.56%
		41	4.57%
总计		898	100.00%

在单元内容部分，Reading and Thinking板块的呈现次数最为频繁，达到了110次。其他板块的呈现次数按顺序依次是*Video Time、Using Language（1）、Listening and Speaking、Assessing Your Progress、Learning about Language、Using Language（2）、Opening Page、Reading for Writing、Listening and Talking以及Discovery Useful Structures。

Workbook作为对单元内容的补充，也是展示中华文化的重要环节。在Workbook部分，Reading and Writing板块的呈现次数最多，为89次。紧随其后的是Using Structures、Using Words and Expressions、Listening and Speaking以及*Expanding Your World板块。

此外，视听文本部分（以视频或音频形式表现）为教材的中华文化展示增添了多样性。在这一部分中，Listening and Speaking板块的呈现次数居首，共有11次。之后是*Video Time、Using Language（1&2）、Listening and Talking以及Workbook中的Listening and Speaking板块。

值得注意的是，Listening and Speaking、*Video Time、Using Language（1&2）和Listening and Talking这四个板块都出现在单元内容里，而Listening and Speaking（Workbook）板块则是Workbook部分的内容。这表明，视频和听力材料不仅在单元内容中有所体现，也在Workbook部分得到了展示。

综上所述，人教版普通高中英语教科书（2019）在呈现中华文化时，主要聚焦于中国国情和成就文化。同时，该教材在各册、各单元以及各板块的中华文化分布上均表现出合理性，但每部分的侧重点各有差异。

第三节　高中英语教材中华文化的呈现方式分析

一、教材中华文化显性及隐性呈现总体情况

我们可以将中华文化的呈现方式划分为显性和隐性两大类进行统计。显性呈现主要包括主题图、引言、视频文本、听力文本、阅读文本（位于单元内容部分）、知识卡片（位于阅读文本或*Video Time板块中），以及阅读文本或知识卡片中的图片等直观元素。而隐性呈现则主要体现在单元内容和Workbook部分的练习中，包括练习中的阅读文本、图片、单元目标以及话题讨论等间接展现中华文化的元素。

根据下表的统计数据显示，人教版普通高中英语教科书（2019）在呈现中华文化时，以隐性方式为主，总计达到766次，占总呈现次数的85.30%；而显性呈现则共计132次，占比为14.70%。在显性呈现中，阅读文本、听力文本和图片是主要的呈现形式，分别呈现了32次（3.56%）、31次（3.45%）和30次（3.34%）。主题图和知识卡片的呈现次数居中，都是13次（1.45%）。而视频文本和引言的呈现次数相对较少，分别为10次（1.11%）和3次（0.33%）。在隐性呈现中，练习是最主要的形式，共计呈现了569次，占比高达63.36%。练习中的图片、阅读文本以及单元目标和话题讨论的呈现次数分别为143次、40次和14次，占比分别为15.92%、4.45%和1.56%。由此可见，阅读文本是显性呈现中的主导形式，听力文本和图片等则处于次要地位；而在隐性呈现中，练习占据主导地位，练习中的图片、阅读文本以及单元目标和话题讨论等则

处于次要地位。

教材中中华文化显隐性呈现总体情况

呈现方式	形式	次数	比例
显性	阅读文本（单元内容）	32	3.56%
	听力文本	31	3.45%
	图片（阅读文本、知识卡片）	30	3.34%
	主题图	13	1.45%
	知识卡片	13	1.45%
	视频文本	10	1.11%
	引言	3	0.33%
		132	14.70%
隐性	练习	569	63.36%
	图片（练习）	143	15.92%
	阅读文本（Workbook）	40	4.45%
	单元目标和话题讨论	14	1.56%
		766	85.30%
总计		898	100.00%

值得注意的是，教材中的练习形式非常多样化，既有单纯的练习形式，也有与音频、视频、图片或阅读文本等多种形式相结合的练习。例如，在选择性必修第四册的Unit 3 Sea Exploration单元中，*Video time板块就通过视频、图片和练习相结合的形式呈现了中国"科学号"海洋科考船。在必修第二册的Unit 2 Wildlife Protection单元中，Reading and Thinking板块则通过阅读文本、图片、音频和练习相结合的形式呈现了"藏羚羊"。

此外，教材中的练习题型也非常丰富，包括单一题型和混合题型。单一题型有单选题、判断题、图文匹配题、选词填空题、短文填空题、翻译题、排序题以及开放性问题等；而混合题型则包括填空并翻译句子等。例如，在必修第二册的Unit 5 Music单元中，Listening and Speaking板块的练习2就通过图文匹配题的形式呈现了"中国传统乐器"。在必修第一册的Unit 2 Traveling Around的Workbook部分，Using Words and Expressions板块的练习3通过短文填空题的形式呈现了"厦门旅游景点"。而在必修第二册的Unit 1 Cultural Heritage的

Workbook部分，Using Words and Expressions板块的练习4中的第1题和第6题则通过翻译题的形式呈现了"泰山、故宫"这两个世界文化遗产。

综上所述，人教版普通高中英语教科书（2019）在呈现中华文化时以隐性呈现为主，显性呈现为辅。其中阅读文本是显性呈现的主要形式，而练习则是隐性呈现的主要形式。教材中的练习不仅形式多样，而且题型丰富，能够满足学生多样化的培养需求。

二、教材各板块中华文化显性及隐性呈现情况

根据下表的数据，显性呈现主要集中在Reading and Thinking、*Video Time和Opening Page板块，分别出现了35次（3.90%）、22次（2.45%）和16次（1.78%）。相比之下，Using Language、Listening and Talking和Listening and Speaking（视听文本）板块的呈现次数较少，分别为9次（1.00%）、6次（0.67%）和5次（0.56%）。而隐性呈现则主要在Listening and Speaking、*Video Time、Reading and Writing、Reading and Thinking、Using Language（1）等板块中频繁出现，次数均超过70次。

教材各板块中华文化显隐性呈现情况

呈现方式	板块	次数	比例
显性	Reading and Thinking	35	3.90%
	*Video Time	22	2.45%
	Opening Page	16	1.78%
	Using Language（2）	15	1.67%
	Reading for Writing	13	1.45%
	Listening and Speaking（单元内容）	11	1.22%
	Using Language	9	1.00%
	Listening and Talking	6	0.67%
	Listening and Speaking（视听文本）	5	0.56%
		132	14.70%
隐性	Listening and Speaking	108	12.03%
	*Video Time	95	10.58%
	Reading and Writing（Workbook）	89	9.91%

续 表

呈现方式	板块	次数	比例
隐性	Reading and Thinking	75	8.35%
	Using Language（1）	75	8.35%
	Assessing Your Progress	64	7.13%
	Using Structures	56	6.24%
	Learning about Language	48	5.34%
	Using Words and Expressions	38	4.23%
	*Expanding Your World	30	3.34%
	Listening and Talking	24	2.67%
	Discovery Useful Structures	19	2.12%
	Using Language（2）	16	1.78%
	Reading for Writing	15	1.67%
	Opening Page	14	1.56%
		766	85.30%
总计		898	100.00%

从各板块的呈现方式来看，Opening Page板块主要通过主题图、引言、单元目标和话题讨论来展现中华文化；Reading and Thinking、Using Language（2）、Reading for Writing板块则主要通过阅读文本和练习来体现；Listening and Speaking、Discovery Useful Structures、Listening and Talking、Learning about Language、Using Language（1）、Assessing Your Progress等板块则侧重于通过听力或口语活动或练习来呈现；*Video Time板块主要通过视频和练习来展示中华文化；而Reading and Writing、*Expanding Your World两个板块则主要通过阅读文本来表现；Using Structures、Using Words and Expressions、Listening and Speaking三个板块则主要通过图片或练习来展示。这些板块都涉及了图片的使用，包括图片与阅读文本的结合或图片与练习的结合等。

从上述分析中可以看出，大部分板块都同时包含了中华文化的显性和隐性呈现，如Opening Page、Reading and Thinking、Using Language（2）、Listening and Talking、Reading for Writing、*Video Time等。而Assessing Your Progress、Using Structures、Learning about Language、Using Words and Expressions、*Expanding Your World等板块则仅包含中华文化的隐性呈现。例如，在必修第

一册Unit 2的Traveling Around单元中，Assessing Your Progress板块的练习2通过对话语篇的形式呈现了"丽江古城、玉龙雪山、蓝月谷、牦牛坪"等文化元素；在选择性必修第一册Unit 5的Working the Land单元中，Learning about Language板块的练习1通过同义词替换的形式呈现了"袁隆平"的信息；在选择性必修第三册Unit 2的Healthy Life Style单元的Workbook部分，Using Structures板块的练习3通过短文填空的形式呈现了"杭州西湖、灵隐寺、雷峰塔、龙井茶"等文化元素；在必修第二册Unit 2的Wildlife Protection单元的Workbook部分，Using Words and Expressions板块的练习1的第5题通过选择题的形式呈现了"藏羚羊"的信息；在选择性必修第三册Unit 5的Poems单元的Workbook部分，Expanding Your Word板块通过阅读文本的形式呈现了"孟浩然和王之涣的诗歌"。

由此可见，人教版普通高中英语教科书（2019）在呈现中华文化时以隐性呈现为主，显性呈现为辅。其中练习是隐性呈现的主要形式，此外还包括练习中的图片、阅读文本以及单元目标和话题讨论等；而阅读文本则是显性呈现的主要形式，此外还包括主题图、引言、视听文本、知识卡片和图片等。

综上所述，我们通过对人教版普通高中英语教科书（2019）中关于中华文化的内容和呈现方式进行了详尽的检索、归类、分析与讨论，并得出以下结论：

首先，人教版普通高中英语教科书（2019）在中华文化内容的呈现上相当全面，覆盖了五大类别：中国国情、成就文化、日常生活和习俗、交际活动以及思想观念。具体来说，这些内容涉及人民、地理、文化遗产保护、教育、历史、政治、经济、环境保护、体育、社会保障、大众传媒、科技、艺术、文学、语言文字、饮食与习俗、节日、学习与工作、安全、国际援助、跨文化交际、哲学思想以及人生观等多个方面。在这些内容中，人民、地理、文化遗产保护、教育、历史、科技、艺术、文学、语言文字、饮食与习俗以及节日等主题的出现频率较高，而安全、国际援助、跨文化交际、哲学思想和人生观等内容的占比则相对较少。

从整体来看，人教版普通高中英语教科书（2019）在中华文化内容的呈现上展现出了多样性和丰富性，这完全符合《英语课标（2020年）》对于培养高中生的文化意识和跨文化交际能力的要求。

其次，在呈现方式上，人教版普通高中英语教科书（2019）主要采用了隐性呈现的方式，辅以显性呈现。在我们统计的七册教材中，总共有898次中华文化元素的呈现，其中显性呈现为132次，隐性呈现则高达766次。显性呈现的形式包括阅读文本、知识卡片、图片（嵌入在阅读文本或知识卡片中）、主题图、引言、视频以及音频等；而隐性呈现则主要体现在各种练习、练习中的图片、阅读文本，以及单元目标和话题讨论等环节。特别值得一提的是，图片、音频和视频等多模态形式在该套教材中扮演了中华文化呈现的重要角色。

总结来说，人教版普通高中英语教科书（2019）在中华文化的呈现方式上，以隐性呈现为主导，显性呈现为补充。教材运用了灵活多样的呈现方式，包括图片、音频、视频等多模态语篇，使得中华文化的传达更为生动和全面。

第四节　中华优秀传统文化融入
高中英语教学的路径

英语，作为一种至关重要的国际交流工具，扮演着引领学生跨越国界、深切体验多元生活的重要角色。随着语言教学观念的演变，英语教学策略已经历了深刻的变革。近年来，随着老师们越来越自觉地践行课程标准理念，一线课堂教学普遍推行以学生为中心，倡导以输出为驱动的学习方式。这不仅从根本上促进了学生英语综合技能的提升，而且强调了语言学习与社会文化背景的紧密联系。因此，对文化的理解和尊重成为英语能力建构的不可或缺的一环。

中华优秀传统文化蕴含着博大精深的历史积淀，展现了独一无二的文化吸引力。这就要求英语教师积极探索教学新路径，将这一文化与英语教学巧妙地融合，从而全面推动学生英语综合素养的提升。这种教学方法的创新，不仅有助于增强学生的跨文化交流能力，还能深化他们对本土文化的认同感和自豪感。

一、将中华传统文化融入高中英语教学的深远意义

中华传统文化，汇集了中华文明演进的独特文化遗产，不仅承载着中华民族数千年的智慧精髓，还蕴含着博大精深、源远流长的历史底蕴。对于高中生而言，深入了解和学习这一文化，能够为他们提供更为广阔的视野，帮助他们更为深刻地认识和理解社会生活。英语，是一门与文化紧密相连的语言学科，在高中这一价值观形成的关键阶段，将中华传统文化有机地融入英语教学，这

一举措具有无可估量的重要意义。

首先，这种融合有助于培养学生将理论与实际相联系的能力。文化，作为英语课程的核心组成部分，始终贯穿英语学习的各个方面。在英语教学中巧妙地渗透传统文化元素，能够引导学生结合文化背景更深入地理解生活，并从日常生活中感悟英语的独特表达方式和语言深层的含义。这样的教学方式将鼓励学生更加灵活地在日常生活中运用英语，实现知识的有效迁移，从而让"理论联系实际"的教学理念得以真正落实。

其次，这种结合有利于增进中西文化的交流与碰撞，促进学生的思想成长。英语语言不仅仅是一种工具，更承载着西方文化的精髓。而在英语教学中适当地引入中华传统文化，可以帮助学生打开文化视野，更全面地认识到中西文化之间的差异与交融。这样，学生不仅能够实现真正的跨文化交流，逐步成长为具有国际视野的交流人才，还能在这一过程中不断汲取中西文化的优秀元素，完善自己的价值观，提升自己的道德素养。

最后，将传统文化融入英语教学，对于传播中华文化、建立学生的文化自信具有不可替代的作用。高中学生，作为国家和民族的未来，肩负着传承和弘扬中华文化的重任。在英语教学中融入传统文化元素，可以让学生更加深入地领略中华文化的独特魅力，从而建立起深厚的家国情怀。这样的教学方式不仅能够让学生真正地理解、热爱并传播中华文化，还能有效地推动中华文化走向世界，展现其独特的魅力和价值。

二、中华传统文化融入高中英语教学的路径

在POA教学理念的指引下，我们明确了学生的发展是终极追求，学用结合是实现这一目标的重要手段，而文化交流则是教学活动的核心环节。为了促进学生的长远发展，教师需要在教学过程中充分融入文化内涵，使学生能够在学习过程中不断运用所学知识，进而提升其英语素养。因此，在跨文化交流的背景下，教师应当深入挖掘中华优秀传统文化，将其有机地融入高中英语教学中，为学生的未来发展提供明确的方向和坚实的支持。

1. 充分挖掘教材资源，巧妙渗透文化理念

教材作为英语教学的基础，蕴含着丰富的教学资源和主题。以译林版高中英语教材为例，其中就包含了许多与文化紧密相关的内容，展现了多样的主题思想。教师应当深入挖掘这些文化资源，灵活利用教材中的文化主题，将中华传统文化巧妙地融入其中。通过引导学生拓展文化视野，理解更为丰富的文化内涵，逐步渗透文化理念。这样，学生就能从文化的角度更深入地理解英语、体验英语，进而提升其文化素养。

例如，在译林版高中必修第一册的Unit 1 Back to school教学中，该单元以学校生活为主题，教师可以结合教材中的中国书法相关内容，引导学生进行深入思考。教师可以让学生探讨中国书法所蕴含的中华传统汉字文化，了解书法的发展史以及汉字发展史所体现的中华民族的追求和品质。通过这样的教材挖掘和拓展，学生能够更好地感受和理解文化理念，体会文化形式，从而更加愿意接近和探索传统文化，汲取其中的文化内涵。

2. 多元拓展阅读材料，努力深化文化认知

教师还可以在阅读教学中融入传统文化元素。阅读在英语教学中占据着举足轻重的地位，它不仅是传递文化知识的重要渠道，更是拓宽学生文化视野的有效途径。教师可以根据不同的阅读主题，为学生精选并补充与中华传统文化紧密相关的阅读材料，从而让学生在阅读的过程中拓展对文化的感知，从更加宏大的视角领略中华传统文化的博大精深。同时，为了使学生能够更加真切地感受到文化的魅力，教师还应丰富阅读形式，结合视觉、听觉等多种感官刺激，为学生构建一个立体化的阅读环境，让他们在多维度的文化体验中深刻感受文化内涵，进而丰富他们的文化认知，更全面地理解文化的深层含义。

以译林版高中必修第一册Unit 3 Getting along with others为例，这个单元聚焦于友谊的价值与意义，旨在引导学生深入理解友谊的内涵以及建立和维护友谊的方式。在Project环节中，学生被要求根据自己的理解制作一份关于友谊的剪贴簿，其中特别引入了中国历史上著名的诗人李白和杜甫之间的深厚友谊作为案例。在教学时，教师可以进一步补充相关的阅读材料，如引入表达李白和杜甫深厚友情的经典诗作《沙丘城下寄杜甫》和《戏赠杜甫》等，并采用中英文对照的方式进行解读，这样不仅能帮助学生更深刻地理解诗人之间的情感纽带，还能让他们在学习英语表达的同时领略中华传统文化的韵味。

除此之外，教师还可以拓展更多关于古人追求真挚友谊的故事，如俞伯牙和钟子期之间"高山流水觅知音"的传奇佳话，以及管仲和鲍叔牙的"管鲍之交"等。通过这些丰富多彩的文化故事，学生能够更加全面地认识到友谊的多元面貌，并从中国传统人物和故事中体会到中华民族所崇尚的高尚友谊的真谛。这样的教学方式不仅能深化学生对单元主题的理解，还能激发他们对传统文化的兴趣，从而更好地完成学习任务，丰富他们的文化素养。

3. 积极开展文化对比，深入探究文化内涵

中华传统文化博大精深，涵盖了人们的生活习惯、道德品质和精神追求等诸多层面，而西方文化则有其独特的风貌，英语作为这一文化的传递工具，其语言习惯和所蕴含的思想与中华传统文化有着显著的不同。因此，在教学过程中，教师应当积极引导学生开展文化对比活动，通过直观展现两种文化的异同，帮助学生深刻理解中西文化的差异，感受不同文化背景下人们的生活习俗和生活理念的独特之处。这样，学生不仅能更加深入地了解我国的传统文化，还能从对比中吸收中西方文化的精髓，进一步提升个人的文化素养。

以译林版高中必修第二册Unit 3 Festivals and customs为例，本单元聚焦于节日与习俗，旨在引导学生领略不同国家的传统节日和文化习俗，感受文化的多样性。教材中呈现了丰富多彩的文化场景和习俗，如热闹的中国舞狮、富有异域风情的印度婚礼以及寓意团圆的中国除夕夜等。在这些丰富多彩的文化内容基础上，教师可以引导学生进行文化对比，从而在比较中更加深入地理解各种文化的内涵。

例如，在学习印度婚礼的相关内容时，教师可以引入中国的婚礼习俗，让学生将中印两国的婚礼进行对比。学生可以从色彩运用、音乐风格、舞蹈表现以及饮食文化等多个维度进行探讨，很快就能发现两国婚礼的诸多不同之处。此外，教师还可以引导学生对比中西方在一年中的传统节日，如中国的中秋节、端午节、寒食节、重阳节等，与西方的愚人节、复活节等进行比较。通过这些对比活动，学生不仅能够深化对文化内涵的理解，还能更加珍视和传承本土文化，从而提升个人的文化素养。

通过这样的教学方法，学生不仅能够拓宽文化视野，还能在比较中学会尊重和理解不同文化，培养跨文化交流的能力。同时，通过对本土文化的深入学习和理解，学生也能更好地传承和弘扬中华优秀传统文化。

4. 结合反思性写作，提升学生文化素养

写作，作为知识的输出方式，与阅读一同构成了知识建构的完整循环。在英语教育的体系中，写作技能的培养至关重要。为了更有效地加深学生对传统文化的理解与感悟，我们应当鼓励学生在写作中进行反思，让他们在文字表达的过程中仔细品味和深入探讨传统文化的深厚内涵。因此，教师需要充分利用写作教学环节，将中华传统文化元素融入其中，引导学生以文化为主题进行创作，使他们在深入思考和品味中，更深刻地理解文化，吸收文化中的精髓，进而提升自身的文化素养。

以译林版高中必修第二册Unit 4 Exploring literature为例，本单元聚焦于文学作品，旨在引导学生领略文学作品的深层含义，并从英语的角度去解析文学作品，吸收其中的文化精髓，进而提升自身的审美能力。鉴于文学作品中往往蕴含着丰富的地域文化元素，学生在鉴赏和分析文学作品的过程中，无疑能够深刻感受到文化的底蕴，从而提升自身的文化素养。教师可以选取中国文学作品作为主题，引导学生在阅读鉴赏之后进行评论性写作，描述自己最喜欢的情节或人物，并阐述喜欢的理由。在写作过程中，教师应激励学生深入反思作品中人物的思想、行为以及作者所传达的情感。通过这种反思性的写作训练，学生不仅能够有效地吸收文学作品中的文化精华，更能够理解这些优秀作品在中华文化历史长河中的独特价值，从而主动追求这些美好的思想和行为，形成良好的文化素养。

5. 开展文化实践活动，推动文化的传承与传播

"知行合一"是学习的根本途径。当学生深入理解了文化内涵，领悟了文化品质后，更需要通过实践活动来巩固和转化这些知识。英语学科注重实践应用，它与生活文化紧密相连。因此，教师可以有效地组织学生参与各种文化实践活动，根据不同的文化载体，尝试探索和体验多样的文化形式。这样一来，学生能够更深刻地理解文化内涵，学会批判性地看待不同的文化，认识到中华传统文化的独特之处，从而建立起文化自信，并主动参与到文化的传承与传播中去。

以译林版高中必修第三册Unit 4 Scientists who changed the world为例，本单元以科学为主题，介绍了改变世界的科学家们、科学精神以及重大科学发现，旨在引导学生对科学形成正确的认知。在中华民族的历史长河中，涌现出了众多杰出的科学家，他们的发明和发现不仅改变了人们的生活方式，还推动了国家的发展进步，如"水稻之父"袁隆平解决了国人的温饱问题，屠呦呦发现了青蒿素为世界医学做出了巨大贡献等。这些科学成就与我们的日常生活息息相关，也体现了中华民族独特的文化追求。因此，教师在教学过程中可以引导学生参与文化实践活动，让他们从生活中感悟和接纳文化。例如，组织学生开展关于人们饮食情况的调查研究，让他们亲身感受从过去的担忧温饱问题到如今我国已成为粮食生产大国的巨大变迁。随后，组织学生进行交流分享活动，以科学与文化为主题，探讨中国科学进步与文化发展的历史脉络。通过这样的交流与探讨，学生能够汲取到宝贵的文化思想和科学精神，从而更好地学习和传播中华优秀文化。

三、结束语

英语，作为文化的传递工具，承载着多元文化的交流与理解。在核心素养的培育目标下，我们的英语教学任务不仅仅是锻炼学生的听、说、读、写各项技能，更要着眼于塑造他们的思维品质，培育深厚的文化修养，以及提升自主学习的能力。深入理解与接纳不同文化，是英语学习的基石。英语这门语言，实际上是以其独特的表达方式，展现了世界各地丰富多彩的文化和生活习俗。当学生能够真正领悟并接纳这些文化时，他们便抓住了英语学习的核心，从而能够大幅提升对英语语言的理解和运用水平。

因此，作为教师，我们应当敏锐地捕捉文化教育中的每一个契机，积极地将中华传统文化融入课堂教学之中。我们要用文化的力量去熏陶学生，通过阅读引领他们走进更广阔的文化世界，丰富他们的文化感知。同时，我们也要通过对比分析，帮助学生更深刻地理解文化的内涵。此外，融合写作训练，可以进一步提升学生的文化素养，使他们在书写中反思、在反思中成长。最终，我们要依托实践活动，让学生在亲身体验中感受到中华文化的深厚底蕴，从而建立起坚实的文化自信。

在这样的教育过程中，学生将能够真正感受到中华文化的无穷魅力，建立起对本土文化的深厚自信。他们将学会以更加客观、科学的视角去看待跨文化交际活动，这不仅有助于提升他们的综合素养，更为他们的长远发展奠定了坚实的基础。

第四章

深度学习理念下的
文化意识培养

随着全球化的加速和教育改革的深入，高中英语教学已不仅仅局限于语言技能的传授，更加注重学生文化素养和跨文化交际能力的培养。深度学习理论，作为一种注重深层理解和应用的学习方法，为高中英语教学提供了新的思路。本研究旨在通过实践探索，研究如何运用深度学习理论在高中英语教学中有效培养学生的文化意识。我们将以深度学习为指导，结合高中英语教学的实际情况，设计富有文化内涵的教学活动，旨在激发学生对英语文化的兴趣，提升他们的文化敏感性和跨文化交际能力。通过这一实践过程，我们期望帮助学生更全面地理解英语背后的文化，进而提高他们的综合语言运用能力和文化素养。

第一节 深度学习理论与实践模型

随着信息时代的来临，教学必须从过时的"教学即传递"观念中解脱出来，也要摆脱那些过于形式化的教学改革。我们必须重新审视教学的本质目标和功能。教学的任务不仅仅是传承人类的知识成果，更重要的是让学生在学习的过程中深刻体验和感悟人类思想、行为和判断力的精髓，从而培养他们成为具有明辨是非观念、正确价值观和强烈责任感的未来社会领军者。简而言之，教学的核心目的是促进学生的全面发展，激发他们的自主发展意识和能力，进而培养他们的核心素养。这是一项迫在眉睫的任务。正如恩格斯所言："社会一旦有技术上的需要，则这种需要就会比十所大学更能把科学推向前进。"信息时代将我们过往忽视的思考与实践问题凸显出来，迫使我们寻找答案，这也催生了深度学习的研究。

一、深度学习的概念

深度学习这一概念，尽管受到国内外学者的广泛关注和研究，但至今尚未形成一个统一的定义。在国外，深度学习的探索开展得相对较早。知名学者Ference Morton和Roger Saljo曾指出，深度学习是学生在学习过程中，借助多样化的学习策略，将所学知识深度内化，同时能够灵活运用并迁移这些知识，进而发展自身的高阶思维能力。而Eric Jensen与LeAnn Nickelsen则强调，深度学习的达成需要经历一系列的学习步骤和深层次的思维加工，使学习者能够实际应用某些知识或技能。

随着深度学习在国内教育领域的热度不断升温，越来越多的国内学者也开始尝试对深度学习的内涵进行解读。黎加厚教授在他的著作《促进学生深度学习》中，首次提出了自己对深度学习的见解，深度学习是建立在对知识深刻理解的基础上，学习者能够批判性地学习新思想和事实，将它们有机地融入自己已有的知识体系中，在不同的思想之间建立联系，从而能够在新的情境中应用已有知识，做出明智的决策并有效解决问题。学者孙银黎在对浅层学习和深度学习进行详尽对比后，结合布鲁姆的教育目标分类学，进一步深化了我们对深度学习的理解。她认为，深度学习不仅仅是简单地获取信息，更是一种高级技能的掌握，它侧重于分析、评价、创新和综合信息或应用技能。深度学习者能够在新旧知识之间搭建桥梁，优化自己的认知结构，这种深层次的意义建构有助于长期记忆的稳固。相反，浅层学习者往往只能停留在知识的表面，通过机械记忆来简单复制或陈述知识，因此常常伴随着快速的遗忘。

综合审视国内的相关研究，尽管观点各异，但学者们对深度学习的核心特征有着相似的认识。他们普遍认为，深度学习是一种高水平的、以体验为核心的学习活动，它强调新旧知识之间的迁移与应用，鼓励学生积极主动地参与学习过程，注重思维层次的提升和实际问题的解决。在梳理和分析众多研究、综合大多数学者观点的基础上，本文尝试从教学实施的角度出发，结合本研究的主题，对深度学习进行更为精确的界定：在教师的悉心引导下，学生围绕着富有挑战性、结构化的问题或任务，全身心地投入其中，在特定的学习情境中进行信息的深度加工与整合。通过调动自己已有的经验和知识储备，学生构建起全新的知识体系，实现知识的深度迁移与应用，从而获得深刻的学习体验，培养出高阶思维能力，最终达成学习目标或有效解决实际问题。

深度学习的过程涉及学习动机、学习内容和学习方式等多个层面，并且始终以实现学习目标为最终导向。其中，学习动机是推动深度学习的关键力量，它对整个学习过程起着至关重要的维持和协调作用。一个积极正面的学习动机是学生顺利进入学习状态的先决条件。同时，具有挑战性的学习任务不仅具有独特的情境性，还能对整个学习过程起到重要的引导作用，这也是教师教学设计的关键环节。此外，知识的迁移与应用是对学习内容的深层次内化，而解决新问题的过程则是学习成果外化的重要体现。在这一过程中，学生的切身体验和高阶思维也得到了同步发展，深度学习便在这一系列活动中悄然发生。

二、国内外深度学习的相关研究

1. 国外深度学习研究现状

对于深度学习的内涵，全球范围内的学者都进行了深入的研究。这些研究可以回溯到心理学家布鲁姆的认知领域目标层次分类理论，其为深度学习提供了理论基础，尽管他并未直接提出深度学习的概念。进一步地，Ference Marton和 Roger Saljo 通过实验对比，揭示了学生对文本理解的不同层次，从而引入了浅层学习和深度学习的对比概念。在20世纪70年代中期，Ference Marton 等人从学习者如何收集信息的角度进一步深化了对深度学习的理解，他们发现，与浅层次学习相比，深度学习者能够更有效地整合、扩展和主动加工知识。

随着时间的推移，深度学习的定义逐渐丰富。例如，20世纪90年代，学者Beattie将深度学习定义为指向理解的学习，并指出其特点包括主动学习、迁移思考和验证论证逻辑等。这一观点推动了深度学习研究的发展，使其不再局限于单一的认知层面。随着社会的进步和人才培养需求的多元化，深度学习的内涵已经从单纯的认知领域拓展到了人际交往和个人能力领域，涵盖了学习者自身的认知、学习能力和沟通协作等多个维度。

在深度学习的应用策略方面，美国学者Eric Jensen和LeAnn Nickelsen提出了一系列促进深度学习的策略，如设计标准与课程、预估学生学习情况和丰富加工策略等。这些策略与课堂教学的各个环节紧密相连，为其他研究者提供了宝贵的借鉴。同时，越来越多的国外专家学者开始探索深度学习在教学中的具体应用，并与不同学科教学相结合，取得了显著的成果。

2. 国内深度学习研究现状

借鉴国外的研究成果，并结合我国的教育实际，国内对深度学习的研究虽然起步较晚，但发展迅速。研究主要集中在深度学习的内涵特点、促进策略以及与语文学科的结合等方面。

在内涵特点方面，国内学者的研究呈现出两大趋势：一是对认知领域深度学习概念的持续深化；二是对深度学习的多重维度进行探索。何玲和黎加厚基于布鲁姆的教育目标分类学，将深度学习阐释为在批判性学习基础上的知识迁移与建构过程，强调了深度学习的理解性与知识整合性。张浩、吴秀娟等人则从建构主义理论和情境认知理论的角度分析了深度学习的内涵。此外，还有学者从终身学习、自我导向的层面对深度学习的内涵进行了拓展。

在促进深度学习的策略方面，国内研究多侧重于课堂教学。例如，安富海提出深度学习需要学生的积极参与，同时需要教师确立高阶思维发展的教学目标、整合意义连接的学习内容、创设学习情境和选择持续关注的评价方式。高晓宇则提出了多种感官感知、多种思维能力运用、有意义记忆培养以及实践能力提升等策略来促进深度学习。

综上所述，国内外在深度学习领域的研究都取得了显著的进展。国外研究起步较早，成果丰富；而国内研究虽然起步较晚，但发展迅速，且更加注重与教学实践的结合。然而，目前的研究仍存在一定的局限性，如缺乏理论和实践的深度融合，以及与具体学科的结合研究仍有待加强。

三、深度学习的特征

深度学习的发生是建立在浅层学习的基础之上，因此，深度学习的特征往往在与浅层学习的比较中得以凸显。浅层学习呈现出一种相对被动、碎片化、孤立化以及低层次的学习状态，在语文学科中，它常以背诵和默写的形式出现。值得注意的是，尽管浅层学习与深度学习在知识掌握层面上存在本质差异，但二者并非完全孤立，而是相互依存、相互影响的。学习者通常从浅层学习的认知和了解开始，逐步深入到掌握、理解、应用的阶段，这一过程恰恰体现了学习由浅入深、由易到难的连续性特点。

为了更直观地展现浅层学习与深度学习的区别，我们通过梳理相关文献资料，以表格的形式对二者进行了对比分析（详见下表）。

深度学习与浅层学习特点比较

对比维度	深度学习	浅层学习
学习动机	内部需求、自身兴趣驱动	外部压力、功利性目的
参与程度	主动积极、全身心投入	被动参与

知识体系	注重新旧知识间的联系，能对新知识进行组织、加工、整合	仅能掌握零碎、单一的知识，不能进行组织和整合
学习方式	批判性理解记忆	机械记忆
迁移能力	能够将所学知识进行迁移应用	不能迁移应用
反思状态	自我反思、质疑	缺少反思
评价方式	多元评价、反思式评价	测试、单一评价
思维层次	高阶思维	低阶思维

通过对以上表格的对比，结合前述中对深度学习内涵的分析，可以归纳出深度学习的五大主要特征：主动积极参与，发展高阶思维，注重批判理解，重视学习内容整合，强调迁移应用。结合英语学科的特征，我们可以聚焦如下六个方面：

1. 联想与结构：从知识到个人经验的转化

"联想与结构"不仅是学生学习方式的体现，更涉及学习内容本身的组织和处理。在这种学习方式下，学生需要将外在的知识与自身的经验进行有机的结合和转化。这一过程要求学生能够调动以往的经验，参与到当前的学习中，同时建立起学习内容与已有经验之间的结构性关联。这样，知识就不再是孤立、零散的信息，而是变成了与学生个体相关联、可以操作和思考的内容。

通过"联想与结构"，学生不仅能学习知识，更重要的是能建立起自己的知识结构。这需要发展学生的记忆、理解、关联能力以及系统化的思维。例如，在学习诗歌时，学生不是简单地记忆诗句，而是通过联想和结构，理解典故背后的关联和意义，从而形成自己对诗歌的个性化理解。

2. 活动与体验：深度学习的核心机制

深度学习的核心特征是"活动与体验"。这回答了学生的学习机制问题。活动是指以学生为主体的主动活动，而非简单的肢体动作。体验则是指学生全身心投入活动时的内在感受。深度学习要求学生通过主动的、有目的的活动，对人类已有的认识成果及其过程进行学习与体验。

在这样的学习过程中，学生需要有机会亲身经历知识的发现、形成和发展过程。这不仅仅是从概念、原理开始的学习，更是通过活动将知识"打开"，将静态的知识"激活"，全身心地体验知识本身蕴含的丰富内涵和意义。这样的过程，是学生主动探索、发现和经历知识形成过程的重要机制。

3. 本质与变式：深度加工学习对象

在处理学习内容时，学生需要抓住教学内容的本质属性，全面把握知识的内在联系。这要求学生不仅要掌握孤立的知识点，更要理解知识的本质属性和内在联系。例如，在学习某种动物时，不是简单地记忆其特征，而是要通过其本质属性去理解和判断。

把握事物的本质是一个深度加工学习对象的过程。这需要学生具备深刻而灵活的思维特质，并在对学习对象进行深度加工的过程中发展这样的思维品质。同时，把握事物的本质也是建构知识结构的前提，能够帮助学生以简驭繁、削枝强干，更好地理解和应用知识。

4. 迁移与应用：将知识转化为实践能力

"迁移与应用"是解决间接经验直接化问题的关键环节。它要求学生将所学知识转化为综合实践能力。这需要学生具备综合的能力和创新意识，并通过这样的活动有意识地培养这些能力和意识。

迁移是经验的扩展与提升，应用则是将内化了的知识外显化、操作化的过程。这是将间接经验直接化、将符号转为实体、从抽象到具体的过程，是知识活化的标志，也是学生学习成果的体现。更重要的是，"迁移与应用"是学生在教学活动中对未来要从事的社会实践的初步尝试，也是教学具有教育性的重要体现。

5. 价值与评价：培养人的终极目的及意义

"价值与评价"回答的是教学的终极目的及意义。深度学习的教学活动要自觉帮助学生形成正确的价值观，形成学生发展的核心素养。同时，在教学活动中，要自觉引导学生能够有根据地评判所遭遇的人、事与活动。

从学生发展角度来看，全部的学习活动都内隐着"价值与评价"这一要素。培养学生对所学知识以及学习过程本身做出价值评判的意识与能力是非常重要的。这不仅可以使学生自觉思考所学知识在知识系统中的地位与作用、优势与不足、用途与局限，还可以使学生对所学知识及学习过程主动进行质疑、批判与评价。这样的学习过程不仅有助于学生的知识积累和能力提升，更有助于培养学生的批判性思维和创新精神，从而实现教学的终极目的及意义——培养全面发展的人。

6. 内化与交流：英语学科的工具性价值所在

根据王蔷等人的理论，英语学科的深度学习除了要求学生对知识的深入理解和掌握，还应展现出"内化与交流"的特点。具体来说，这一学习过程要求学生能够积极、主动地将所学知识内化于心，而非仅停留在表面的记忆和理解上。通过互动与交流等实践活动，学生进一步将学到的知识转化为自己能够深刻理解并自如表达的内容。这种转化不仅增强了学生对知识的应用能力，还使他们在面对真实情境中的新问题时，能够灵活运用所学知识找到解决方案。

四、深度学习实践模型

深度学习的实践模型是一个系统性的学习框架，它包括四个重要环节：选择单元学习主题、确定单元学习目标、设计单元学习活动，以及开展持续性评价。以下是对这四个环节的详细阐述。

1. 选择单元学习主题

选择单元学习主题是深度学习的第一步。这一步需要综合考虑学生的学习需求、兴趣点、课程大纲要求以及社会现实需求。一个好的学习主题能够激发学生的学习兴趣，引导他们主动探索和深入学习。在选择主题时，教师需要对学生的先验知识、学习能力和兴趣进行评估，确保所选主题既具有挑战性又能够激发学生的探索欲望。

2. 确定单元学习目标

确定单元学习目标是深度学习的关键环节。学习目标应该明确、具体，并与学生的实际能力相匹配。这些目标不仅包括知识技能的掌握，还应涉及批判性思维、解决问题的能力以及情感态度价值观的培养。在确定目标时，教师需要参照课程标准，结合学生的实际情况，制订出既符合教育要求又有助于学生全面发展的学习目标。

3. 设计单元学习活动

设计单元学习活动是实现深度学习的重要手段。在这一环节中，教师需要根据已确定的学习主题和目标，设计出一系列富有挑战性和探索性的学习活动。这些活动应该能够引导学生通过实践、探究、合作与交流来深化对知识的理解，并培养他们的创新思维和问题解决能力。活动形式可以多样化，如小组讨论、实验操作、角色扮演、案例研究等，旨在激发学生的学习兴趣，提升他们的学习参与度。

4. 开展持续性评价

开展持续性评价是深度学习不可或缺的一环。在深度学习过程中，教师需要不断地对学生的学习进展进行评价，以便及时调整教学策略，帮助学生发现问题并改进学习方法。持续性评价不仅包括传统的书面测试和作业检查，还可以通过观察学生的课堂表现、小组讨论的参与度、项目完成的质量等多种方式进行。这种评价方式旨在提供及时的反馈，促进学生的学习和自我改进。

综上所述，深度学习的实践模型通过选择恰当的学习主题、设定明确的学习目标、设计丰富的学习活动，并进行持续性的学习评价，形成了一个完整、系统的学习循环。这不仅有助于提升学生的知识技能，还能培养他们的创新思维、批判性思维和解决问题的能力，从而实现全面而深入的学习。

第二节　应用深度学习理论培养文化意识

为了在高中英语学科中有效地培养学生的文化意识，教师需要基于对深度学习理论的深刻理解，结合教材和课标的具体要求，来精心策划教学方案。以北师大版高中英语教材选择性必修第二册的第4单元Humour中的子单元British Humour为实例，我们来探讨深度学习理论在文化意识培养中的实际应用（详见下表）。

第4单元语篇内容详情

语篇	内容	相关性
Lesson 3:My Favourite Comedian:Mr Bean	按照时间顺序细致描述憨豆先生在高档餐厅过生日的过程，并在文章开头和结尾简要介绍和评价憨豆先生	通过经典英式幽默案例直观呈现英式幽默的特点，如对肢体语言的充分运用、对社会阶层差异的讽刺，体现出了英式幽默的社会价值
Lesson 3:My Favourite Comedian:The Contemporary Chaplin	介绍罗温的生平事迹，包括家庭背景、学业经历、天赋的发掘和演艺生涯等，并在文章结尾呈现了专业人士对罗温的评价	通过介绍两位享誉全球的英国幽默大师，展现了他们的艺术表演特色，一定程度上揭示了他们的共性和个性，为学生提供了可参考的介绍幽默大师的角度
Reading Club 1:The Little Tramp Who Conquered the World of Comedy	介绍卓别林的生平事迹，包括家庭背景、事业发展、艺术特点和社会贡献等	

续 表

语篇	内容	相关性
Reading Club 2:British Humour	介绍英式幽默的社会价值、典型题材，并对典型题材进行举例说明	通过系统的介绍和举例说明，呈现英式幽默的相关知识，为分析罗温和卓别林提供了一定的理论基础

这几个精心挑选的单元语篇，蕴藏着深厚的文化知识底蕴，它们从多元化的视角协助学生构建起对英式幽默的全方位理解，这无疑成了培育学生文化敏感性和认知的珍贵教学资源。本单元的教学规划紧密围绕深度学习实践模型中的四个核心环节进行，充分体现了深度学习的特质，旨在通过精心设计和实施的教学单元，全面提升学生的文化素养和认知广度。

一、确定单元学习的核心主题

在深度学习的实践框架中，选择单元学习的主题是首要环节。这一主题需严格遵循课程标准，聚焦于学科的某一中心内容，展现学科知识的进步、思想与方法的深化或对世界的多元认知。它应能引发学生的深入参与，推动他们学科核心素养的发展。

首先，在培养学生文化意识的单元主题选择中，我们要深入挖掘和梳理教材中的核心文化知识。鉴于本单元的文化焦点非常明确，所有文本内容都与英式幽默紧密相连，因此，我们的教学将围绕"英国文化中的英式幽默"这一主题展开。

其次，选择单元主题时，还需考虑学生对相关文化的已有了解和他们的文化意识现状。以本单元为例，虽然学生对幽默话题表现出浓厚的兴趣，但他们对幽默的理解仍停留在表面，主要认为幽默即是有趣和轻松；同时，他们对英式幽默知之甚少，甚至可能在课堂上会对中式幽默产生怀疑。因此，本单元不仅将深入学习英式幽默，还将致力于增强学生对中式幽默的理解和自豪感。

最后，单元主题的选择必须与课标中对文化意识培养的要求相吻合。课标强调，在高中阶段，文化知识的教学应进一步扩大对中外文化知识学习的范围，丰富学习的内容，学会用英语讲述好中国的故事。对于文化意识的培养，目标是使学生能够"尊重和理解文化的多样性，具有国际视野，进一步坚定文化自信"。基于此，在加深学生对英式幽默理解的同时，教师还将在单元主题中融入与中国幽默大师相关的内容。

结合教材内容、学生的实际情况以及课标的具体要求，我们最终确定了单元的学习主题："理解英式幽默，探索中式幽默"。这一主题与学生的日常生活紧密相连，能够有效激发学生的学习兴趣和参与度。

二、设定单元学习目标

单元学习目标是指学生在完成整个单元的学习后应达成的学科核心素养成果。对于文化意识这一学科核心素养的培养，课标中有非常明确的表述。该表述清楚地描绘了从"知识获取"到"品格塑造"的进阶路径，并可大致归纳为以下三个层次：

认知层面：掌握文化知识，深入理解文化内涵，能够对比不同文化的异同，提炼文化精髓。

态度层面：树立正确的价值观，坚定文化自信，形成自尊、自信、自强的优秀品质。

行为层面：具备跨文化交流的能力和传播中华优秀文化的实力。

在设定以培养文化意识为目标的单元学习目标时，也应体现出这种层次性。其中，认知层面是基础，态度层面是核心，行为层面是最终目的。同时，这些目标必须与教学内容和学生实际情况紧密结合。无论是作为知识点还是教学过程，英语教育中的文化学习都是通过语言教学来实现的，即通过对教材内容的深入学习来达成。教师应关注教材中明确或隐含的外国文化、中华文化和普世文化，聚焦于单元的核心文化内容，有针对性地制订相关的教学目标。教师需根据学生的现有文化意识水平，结合教材内容，确定适合学生的培养目标，同时需考虑学生所处的社会环境。近年来，随着国内外教育环境的变化，文化教学的内容和侧重点也在随之调整，英语教学中对本土文化的要求日益提高，例如，现在越来越强调用英语讲述中国故事的能力。

以"英式幽默"这一单元为例，在制订目标前，教师在深入分析教材内容的基础上进行了学情调研。在与学生的互动中，教师发现学生普遍认为中国人缺乏幽默感，而教材内容主要集中在英式幽默上，缺少与本土文化相对应的内容。因此，教师特意增加了与本土文化相关的培养目标，并设定了以下教学目标。

在完成本单元的学习后，学生应能够：

（1）阐述英式幽默的特点、作用及其典型主题。

（2）介绍并简要对比评价两位英国幽默大师，解释幽默在社会中的价值。

（3）简要介绍中国的幽默大师，分析中英幽默的差异，并表达对中式幽默的认可。

其中，目标（1）属于认知层面，目标（2）跨越认知和态度两个层面，目标（3）则涵盖态度和行为层面。当然，这三个教学目标不仅关注文化意识的培养，还融合了语言知识、思维品质和学习能力的提升。例如，目标（2）中的"介绍两位英国幽默大师"需要语言知识的支撑，"对比和评价"则涉及高层次的思维能力；而目标（3）中的"介绍中国幽默大师"要求学生能够利用课外资源，这也是学习能力的一种展现。这与课标中提出的"把对学生思维品质和文化意识的发展要求有机融入语言知识和文化知识的学习中"相吻合。

三、精心策划单元学习活动

深度学习强调教师需要对学习单元进行全面设计，这包括对教学内容及其难度的精心策划。某些内容可能需要深入挖掘，而有些则可能只需简要介绍。值得注意的是，教学内容中的文化内涵往往并不明显，只有通过教师根据具体教学情境的创造性解读，才能真正有效地传达其所承载的文化价值。

由此可见，以培养文化意识为目标的单元学习活动设计，不仅应具备整体性，还需具有针对性，即专门针对教材中隐含的文化内容进行设计，以引领学生对其进行深入探究。同时，鉴于文化的丰富性和复杂性，这种学习活动设计还应展现出开放性。

1. 整体性设计

在设计学习活动时，教师应以单元学习目标为指导，全面规划教学内容和课时分配。这意味着要设计出具有良好逻辑关联的学习活动，确保各课时之间以及课时内部的内容相互呼应、相互支撑。这样一来，优秀的文化元素能够自然地融入并渗透到英语教学的每一个环节，从而有效促进学生的文化意识发展。

针对文化意识培养的单元学习活动，其逻辑可以分为演绎推理和归纳推理两种类型。演绎推理从学习文化知识出发，通过运用这些知识来解释文化现象，从而加深学生对文化现象和文化知识的理解。而归纳推理则是从文化现象入手，通过体验、分析和评价这些现象，总结出其共性特征，进而构建文化知识体系。演绎推理更符合传统的知识学习模式，而归纳推理则更具探索性，其结果需要进一步验证。

以"英式幽默"这一单元为例，教师在整体设计上采用了演绎推理的逻辑。学习活动从阅读Reading Club 2:British Humour开始，逐步深入学习英式幽默的相关文化知识。在了解了英国人的性格、英式幽默的社会价值和典型特点后，学生运用这些知识来分析具体的文化现象，如罗温和卓别林的作品，从而加深对英式幽默的理解和认识。这一过程不仅丰富了学生对英式幽默的知识，还帮助他们形成了相应的知识结构，充分体现了深度学习的"联想与结构"特征。

在本单元的最后一课时，当讨论到中式幽默时，教师则采用了归纳推理的逻辑。通过让学生介绍多位中国幽默大师，激活他们对中式幽默的丰富体验，并在此基础上组织讨论，分析中英幽默的差异，进而发现中式幽默的独特之处。

2. 针对性设计

语言是文化的载体，其中蕴含的文化内容极为丰富，教材文本中的文化知识也同样丰富多样。在设计关于文化知识内容的单元学习活动时，教师需要有所选择和侧重。首先，应选择与该单元学习主题最为密切的文化知识；其次，应在这些核心文化知识中找出理解难度较大的部分，即那些学生难以自行理解但在教师引导下可以掌握的内容，进行有针对性的设计。

例如，在My Favourite Comedian:Mr Bean这一课中，涉及的文化知识包括英式幽默的特点、社会价值、表演风格等。其中，憨豆先生的社会价值是一个较为深奥的隐含文化点，需要教师进行有针对性的教学活动设计。为了帮助学生理解这一点，教师可以通过让学生观看相关视频、组织讨论等方式来引导他们深入探究憨豆先生这部作品所反映的社会现象和价值观。这样的设计能够确保学生对核心文化知识的深入理解和掌握。

以本单元的Lesson 3 My Favourite Comedian:Mr Bean为例，我们深入探索其中所隐含的丰富文化内容。这包括了英式幽默的独特特点、它在社会中的价值体现、英式幽默特有的表演风格，以及英国人的餐桌礼仪等。然而，在这众多的文化知识点中，英国人的餐桌礼仪并不属于本单元的核心探讨内容，因此我们并未针对这一点设计相关的教学活动。相反，憨豆先生这一艺术形象所蕴含的社会价值，作为一个较为深奥的隐含文化内容，需要我们进行更为精细和有针对性的教学设计。

为了帮助学生更好地理解憨豆先生所代表的社会价值，教师在教授本单元的第一课时，即Reading Club 2板块时，便引导学生阅读British Humour一文。通过这篇文章，学生不仅了解了英式幽默的作用，还对其典型题材有了初步的认识。为了加深学生对这些文化知识的理解，教师还特意设计了讨论活动，并添加了介绍英国人性格特点的小组口头报告。此外，在整个英式幽默单元教学开始之前，教师还特意针对幽默的社会价值设计了学习活动，如组织学生观看视频演讲，让他们更直观地了解幽默在社会中的作用。这些讨论层层深入，从幽默的普遍社会价值，到英式幽默的特别之处，再到憨豆先生这一具体作品的社会意义，使学生在掌握语言和文化知识的基础上，能够逐步迁移和应用这些知识，最终能够清晰地表达自己对憨豆先生这一形象所体现的社会价值的理解。这一过程不仅锻炼了学生的思维能力，也充分展现了深度学习的"内化与交流""迁移与应用"的重要特征。

3. 开放性设计

在设计指向文化意识培养的单元学习活动时，我们必须强调开放性，这不仅是对文化多样性和丰富性的尊重，也是新课程标准中文化意识培养目标的重要体现。在教学实践中，教师应注重以下三个方面的开放性：

首先，是任务的开放性。教师在设计与文化相关的学习任务时，应确保答案不是唯一的，这样才能激发学生的学习兴趣，促使他们进行深入探究和讨论。

其次，是氛围的开放性。教师应努力营造一种平等、自由、轻松的课堂讨论氛围，让学生敢于表达真实想法，分享自己的见解。

最后，是资源的开放性。文化是一个博大精深的世界，教师应鼓励学生跳出教材的局限，探索更广阔的文化领域。为此，教师应提供丰富多样的语篇形式，并合理利用多媒体资源，作为教材内容的有益补充。这种开放性的学习活动能够鼓励学生发挥主体作用，积极投入到主动、有目的的课堂活动中去，充分体现深度学习的"活动与体验"特征。

以本单元第五课时教师设计的一个学习任务为例，这个任务是探究中国的幽默大师为什么没有走向世界。这个问题是开放性的，没有预设的唯一正确答案，旨在激发学生的思考和讨论。学生需要结合课内资源和课外资源共同探讨这一问题，并尝试找到合理的答案。在教学实践中，教师组织学生分组讨论，并邀请学生汇报讨论成果。结果表明，学生能够从客观、理性的角度出发，从中英幽默的差异入手，发现了许多原因。例如，他们发现英式幽默因为依赖肢体语言而更易于传播；中式幽默与中国文化紧密相连，因此不易被外国人理解；同时，汉语的使用范围没有英语广泛等。通过这个开放性的学习任务，学生不仅了解了英式幽默的特点和价值，也加深了对中国幽默的理解和认同，这恰恰是深度学习"价值与评价"特征的体现。

四、实施持续性的学习评价

持续性评价在深度学习中占据着举足轻重的地位，它既是教师教学效果的反馈机制，也是学生自我提升的重要途径。这种评价方式的核心在于将焦点从教师的"教"转向学生的"学"，特别强调对学生学科核心素养的发展情况进行监测。它不仅关注学生的知识水平，还深入考查学生在学习过程中的参与度、积极性，以及他们是否能够突破传统框架，展现出创新能力。然而，文化意识这一核心素养由于其抽象性，评价起来相对复杂。为此，教师可以从以下几个维度进行切入。

1. 紧密结合单元学习目标进行精准评价

尽管文化意识具有抽象性，但文化意识的培养目标是可以分层次、被具体检测的。教师可以通过评估学生对单元学习目标的达成情况，来全面评价整个单元的学习效果。这包括观察学生在课堂上的表现，检查他们对相关任务的完成情况，以及课后作业的完成质量，从而准确评价每一节课的学习成效。

2. 跨越课时的持续跟踪评价

文化意识的培养并非一蹴而就，它需要通过多个课时的教学来逐步累积和深化。因此，对文化意识培养的评价也应该跨越多个课时进行。学生对文化知识的初步掌握只是起点，更重要的是他们能否在新的情境中灵活运用这些文化知识。这种在新情境中的文化应用能力，既是文化敏感性的体现，也是文化意识深化的标志。值得注意的是，这种新情境的创设并不需要与文化知识的学习发生在同一节课内。以本单元为例，我们可以通过第二课时中分析憨豆先生这一形象所体现的社会价值的任务完成情况，来评价学生在第一课时对英式幽默社会价值的理解程度；同样，第四课时对英国幽默大师罗温和卓别林艺术特色的学习成果，可以在第五课时探究中英幽默差异时得到进一步的检验和展现。

3. 利用思维可视化手段助力评价

鉴于文化知识和文化意识的隐性和抽象性特点，教师在教学过程中应尽可能使其显性化。例如，可以布置与文化意识紧密相关的作业，让学生通过书面形式表达自己的想法；设置课堂讨论环节，鼓励学生口头阐述自己的观点；设计课后调查问卷和访谈，让学生坦诚地表达自己的内心感受和想法。

评价的本质是为了帮助教师和学生不断改进各自的教学和学习方法。因此，在课堂教学过程中进行持续性评价是至关重要的。通过及时了解学生在学习过程中各项任务的完成情况，教师可以进行有针对性的教学调整和优化。这些改进应该是基于对学生学习情况的细致观察和深入分析之上的有根据的调整。例如，教师可以通过观察学生课堂学习任务的完成情况、参与讨论的积极程度、与同伴合作探究的态度以及课后作业的完成质量等方面来收集评价证据。

以本单元为例，在引导学生进行罗温和卓别林两位艺术大师的对比学习时，教师可以利用维恩图这一思维工具来帮助学生整理和呈现两位英国幽默大师的异同点。通过课堂上的实时观察和分析，教师可能会发现学生在完成这一任务时存在困难，如填入维恩图的信息量不足或者未能触及两位大师对社会的贡献等深层次内容。课后，教师可以通过访谈等方式深入了解学生的困惑和难点，可能会发现学生对介绍卓别林的文章理解不够透彻或者对罗温的社会贡献了解有限等问题。基于这些反馈信息，在第二次授课时，教师可以对卓别林的相关文章进行更为详细的解读和剖析，同时补充一些关于罗温社会价值的对比资料。这样的教学调整将使得后续班级在完成相同的维恩图任务时，能够呈现出更加丰富和深刻的内容。

第五章

文化意识视角下的
高中英语教学

随着新课程改革的持续深入，高中英语学科教学已经转向更为注重学生核心素养的培育。在这一新的教学指向下，学生人文底蕴的加强显得尤为重要，它不仅关乎学生的知识水平，更影响着他们的未来发展和人生观。特别值得注意的是，文化意识作为人文底蕴培养中的一个不可或缺的组成部分，其价值取向正日益受到教育工作者的重视。

教师在进行英语教学时，应当有意识地从文化知识、文化理解以及跨文化交际等多个维度出发，全面而系统地培养学生的文化意识。这意味着，教师不仅要传授语言知识，更要通过文化的回溯，让学生深入了解各种文化现象的起源、发展和影响，从而增强他们的文化认同感。同时，通过模拟真实的跨文化交际场景，教师可以帮助学生提升语言的理解和运用能力，使他们在实际交流中能够灵活应对，准确表达。此外，培养学生的文化意识还能够有效地拓宽他们的视野，引导他们以更加开放和包容的心态看待不同的文化和观念。这种心态的培养，对于学生个人的成长以及未来社会的发展都具有十分重要的意义。

总之，通过加强文化意识的培养，我们不仅可以全面提升学生的人文素养，更能够将学科育人的目标真正落到实处，为学生的全面发展奠定坚实的基础。

第一节　文化意识视角下的听力教学

　　文化意识视域下的高中英语听力教学，是当前英语教育研究领域备受关注的话题。随着全球化进程的加速，英语作为一种国际性的交流工具，其教学已不再局限于语言本身，而更需注重文化意识的传递和培养。高中英语听力教学作为英语教学的重要组成部分，在文化意识视域下的探索与实践具有重要的理论和实践意义。

　　本文旨在探讨文化意识视域下高中英语听力教学的重要性和必要性，以及在教学实践中如何有效地融入文化元素。首先，文章将分析当前全球化背景下文化意识对于语言教学的重要性，指出在英语听力教学中融入文化元素的必然性。其次，本文将探讨如何通过对话题选择、听力材料筛选、教学方法等方面的调整，使文化意识能够更好地融入高中英语听力教学。最后，结合实际案例，分享一些成功的教学经验和策略，以期为高中英语听力教学提供一些有益的启示和借鉴。

　　通过对文化意识视域下的高中英语听力教学的深入探讨，我们有望找到更为生动和有效的教学方法，促进学生对语言和文化的更深入理解和感知。同时，也将有助于提升学生的跨文化交际能力和语言实际运用能力，为他们的国际视野和全面发展提供有力支持。希望通过本文的阐述，能够引起对高中英语听力教学的更多思考和关注，为相关研究领域的进步和发展贡献一份微薄之力。

一、文化意识在英语听力中的重要性

文化意识在英语听力中扮演着至关重要的角色。英语听力不仅仅是语言的识别与理解，更是一种文化的感知与交流。缺乏文化意识，听者可能只能捕捉到表面的语言信息，而无法深入理解其中的文化内涵和背后的社会语境。例如，某些表达方式、俚语或习俗在英语国家中司空见惯，但对于文化背景不同的人来说，却可能构成理解的难点。因此，培养文化意识，了解英语国家的文化、历史、社会习俗等，能够帮助听者更准确地把握听力材料中的深层含义，从而提高听力理解的准确性和深度。同时，随着全球化的推进，跨文化交流日益频繁，文化意识更成为英语听力中不可或缺的一部分。

1. 文化意识有助于听力理解中的语境把握

在英语听力材料中，许多信息是通过语境来传递的。如果学习者缺乏对相关文化背景的了解，就很难准确把握语境，从而导致听力理解的困难。例如，在一些英语国家的社交场合中，人们常以谈论天气作为开场白，这是一种社交习惯。如果学习者不了解这一点，当听到类似的对话时，可能会感到困惑不解，甚至误解对方的意图。因此，具备文化意识的学习者能够更好地理解听力材料中的语境，从而更准确地把握信息。

2. 文化意识有助于听力理解中的词汇和短语理解

英语中有许多词汇和短语具有特定的文化内涵，如果学习者不了解这些文化内涵，就很难理解这些词汇和短语的真正意义。例如，"black sheep"在英语中用来比喻"败家子"或"害群之马"，而不是字面意思上的"黑羊"。如果学习者不了解这一文化内涵，当听到类似的表达时，可能会产生误解。因此，具备文化意识的学习者能够更准确地理解听力材料中的词汇和短语，从而提高听力理解的准确性。

3. 文化意识有助于听力理解中的言外之意把握

在英语听力中，许多信息是通过言外之意来传递的，如语气、语调、语速等。这些言外之意往往与特定的文化背景密切相关。如果学习者缺乏对相关文化背景的了解，就很难准确把握这些言外之意，从而导致听力理解的偏差。

例如，在英语国家中，人们常以升调来表示疑问或不确定的态度，而以降调来表示肯定或确定的态度。如果学习者不了解这一文化背景，当听到类似的语气时，可能会误解对方的意图或态度。因此，具备文化意识的学习者能够更敏锐地捕捉听力材料中的言外之意，从而更全面地理解信息。

4. 文化意识还有助于提高学习者的跨文化交际能力

在英语听力中，学习者不仅需要理解对方的语言信息，还需要理解对方的文化背景和价值观念。只有具备文化意识的学习者才能够更好地尊重和理解对方的文化差异，从而避免文化冲突和误解。这对于提高学习者的跨文化交际能力和适应多元文化环境具有重要意义。

二、文化意识对高中生英语听力的影响

听力理解受到多种因素的影响。首要的是语言知识方面的阻碍，这涵盖了语音、语速、词汇以及语法的问题。紧随其后的是文化背景上的难点，也常被称为文化盲点，它主要体现在文化差异和文化空缺上。尽管语音、词汇、语法和语速这些语言要素对听力理解至关重要，但仅仅依靠这些还不足以全面把握所听内容的深意。听者还需调动相关的文化背景知识和交际文化知识，方能深入领会所听材料的真正含义。语言是文化的载体，英汉两种语言源于不同的语系和社会环境，因此差异显著。在非英语专业学生的听力教学中，我们常发现，由于缺乏足够的语言文化和背景知识，学生在理解语言信息时难以迅速准确地把握其实际含义和说话者的真正意图。在广泛的英语听力实践中，这两种语言文化的差异主要体现在以下三个方面。

1. 词汇文化差异对听力的影响

（1）直意理解的挑战

听力理解是一个对语言信号进行快速编码和解码的过程，要求极高的反应速度和准确性。然而，中国学生在进行英语听力时，常常受到母语思维的干扰，导致他们倾向于直接按照汉语词汇的意思去理解英语表达。例如，当听到"The new naval base has proved to be a white elephant"这样的信息时，学生可能会错误地将"white elephant"理解为字面意思上的"白色大象"，从而无法准

确理解其实际含义，即"累赘而无用的东西"。这种直译式的理解方式往往会导致信息的误解和混淆。

（2）词义误解的困境

由于汉语和英语在词汇和表达方式上存在显著差异，学生常常会受到汉语思维定式的影响，对英语中的某些异义词和习惯用语产生误解。例如，"A large number of American gas stations operate in the black"这句话中的"in the black"在英语中表示"盈利"，但学生可能会根据汉语中"黑色"的负面含义，将其误解为"经营惨淡"或与"黑社会"有关。这种词义上的误解不仅会影响学生对听力材料的理解，还可能导致他们对整个语境的把握出现偏差。

（3）词义空缺的难题

英语中有些词汇和表达方式在汉语中没有直接对应的概念，这给学生理解英语听力材料带来了额外的挑战。例如，当听到"He is often buying you expensive clothes, I'm afraid they are Greek gifts"时，许多学生可能会对"Greek gifts"这一表达感到困惑，不清楚它背后的含义。实际上，"Greek gifts"源于荷马史诗《奥德赛》中关于特洛伊战争的故事。在故事中，希腊军队围攻特洛伊城长达十年却久攻不下，最终他们巧施妙计，制造了一个巨大的木马并将其放在特洛伊城门外。木马内部藏匿了数百名希腊精兵，而希腊军队则假装撤退，诱使特洛伊人将木马作为战利品运入城内。然而，当夜幕降临，藏匿在木马内的希腊精兵一涌而出，打开城门，让希腊大军成功占领了特洛伊城。因此，"Greek gifts"被用来比喻那些表面上看似慷慨友好，实则暗藏祸心的礼物。通过了解这一文化背景，学生们可以更好地理解这一表达所蕴含的意义，并在英语听力理解过程中更准确地把握语境。因此，在英语听力学习中，学生需要不断拓宽自己的知识面，了解更多的英语文化背景和习惯用语，以便更好地理解和运用英语词汇。

2. 话语习惯文化差异对听力的影响

英汉两种语言在话语习惯上存在显著的差异，这些差异主要体现在话题选择、语气和表达方式等方面。中国人在交谈时常常会谈论工作、生活、家庭等私人话题，而英美人则更倾向于保持一定的距离和礼貌，避免涉及过于私人的问题。例如，在一段电话交谈中，如果直接询问对方的行踪或计划，可能会被视为不礼貌或侵犯隐私的行为。这种文化差异往往会导致学生在英语听力理解过程中产生困惑或误解。因此，为了更好地理解和运用英语，学生需要了解并尊重不同文化的话语习惯，学会根据语境和文化背景来选择合适的表达方式和话题。同时，教师也应在教学中注重培养学生的跨文化交际能力，帮助他们更好地适应不同文化背景下的交流场景。

3. 价值观念的文化差异对听力的影响

中西方文化间的深刻差异导致了价值观念、行为准则以及审美观念上的显著不同。若忽视这些差异，便可能影响对听力材料的准确理解。以以下对话为例：

A：I can't decide whether to take the car to the garage or just to buy a new one.

B：If you buy a new car, you'll probably save money in the long run. 在英美等西方国家，汽车不仅是日常的交通工具，而且购买成本相对较低，然而汽车维修费用却可能十分昂贵。因此，他们认为从长远角度来看，购买新车比不断修理旧车更为划算。相比之下，在中国，汽车购买成本较高，许多家庭难以轻松承担其费用。同时，受中国传统文化中节俭观念的影响，人们往往更倾向于修复损坏的物品并继续使用，直到它们完全无法使用为止。这种差异恰恰反映了中西方在价值观念上的不同。

若学生未能深入了解西方的价值观念，他们可能会难以理解并接受"长远来看，购买新车可能更省钱"这样的观点。在外语听力教学中，因缺乏对相关文化背景知识的了解而导致的误解情况并不罕见。学生自身文化与目标语文化之间的差异，以及目标语文化中某些元素的缺失，都可能对他们的听力理解能力产生负面影响。

值得注意的是，克服由文化差异和文化缺失带来的听力理解障碍，其难度往往超过克服由语音、词汇、语法等语言要素构成的听力障碍。因此，对于提高听力理解能力而言，积累目标语的文化知识显得尤为重要。

三、听力教学中的文化导入与跨文化交际能力培养

听力训练在外语学习中占据着举足轻重的地位，它不仅是语言技能的重要组成部分，更是实现跨文化交际的关键环节。学生跨文化交际能力的强弱，深受他们对目标语文化背景知识掌握程度的影响。然而，在实际的外语教学中，教师往往过于注重语言的外在形式和语法结构，即着重培养学生构造语法正确的句子，却忽视了对学生交际能力的培养。语言教学中的文化背景知识包括知识文化和交际文化两方面，因此在听力教学中有效地导入文化元素，不仅能提升学生的听力理解能力，更能直接培养他们的跨文化交际能力。

1. 强化中外文化差异的比较与学习

在听力课堂上，学生接触的是有声材料而非文字材料。由于缺乏对外语中某些事物习惯表达的了解，学生可能仅理解其字面意义而忽略其文化内涵，从而在接收和解码信息时遇到障碍。因此，教师在听力教学过程中应充分利用这些有声材料，通过生动、形象、逼真的描述和会话，让学生逐步体会目标语言民族的文化。例如，在听取关于感恩节（Thanksgiving Day）的文章时，教师可以介绍感恩节的起源、庆祝方式和相关习俗；在听取美国城市天气预报时，可以讲解美国的地理环境和各地区的气候特征；在涉及问候语（Greetings）时，可以穿插讲解英美国家的社交礼仪等。通过选择目标语中具有代表性的文化点，教师可以帮助学生分辨目标语文化与本国文化的异同，并引导学生进行文化对比，从而更深入地理解目标语文化，并激发他们探索两种文化价值观背后历史原因的兴趣。

2. 发挥现代化多媒体教学手段的优势

视听教学具有直观、形象、生动的特点，能够将图像和声音有机结合，更有效地传递信息。优质的音像效果能够刺激大脑、活跃思维、发挥联想能力，帮助学生更好地捕捉信息点。电视录像能够展现人物的表情和体态语言，为学生营造一个生动逼真的语言学习环境。在这样的环境中，学生可以运用学到的文化知识进行交际实践，从而激发学习兴趣。

3. 课后布置相关文化背景素材学习

教师应精心挑选与课堂教学内容紧密相关的文化背景知识资料，安排学生在课后进行阅读。例如，可以推荐学生阅读《英美概况》《美国社会面面观》《赴美指南》等介绍英美国家社会文化的读物，或者观看Family Album USA，First Step Abroad，21st Century English等录像和有声材料。这样的安排不仅有助于学生克服听力理解上的障碍，还能加深他们对所听材料的印象。通过平时的学习积累，学生可以逐渐丰富自己的文化背景和社会习俗知识，从而在知识积累的过程中不断提高听力理解水平。

传统的听力教学方法往往只注重听力技巧的训练，而忽视了文化知识的传授。为了深化听力教学的意义，教师应在听力训练中适时、适量、适度地融入文化背景知识，消除学生的文化盲点，使听力学习成为学习目的语文化的重要组成部分。因此，在听力教学中，教师应有意识地、有针对性地介绍相关的文化背景知识，以激发学生对听力这一相对枯燥课型的兴趣，提高学生练习听力的积极性。最终，通过这种教学方法，学生能够更得体地在目的语文化环境中运用外语与外国人进行交际，从而提升他们的跨文化交际能力。

4. 促进学生参与文化体验活动

为了促进学生更积极地参与文化体验活动，并深化他们对多元文化的认识与理解，学校可以精心策划并组织一系列富有吸引力的活动。以下是一些具体的例子和扩写。

（1）观影讨论会

① 每月举办一次"国际电影之夜"主题活动，放映来自不同国家的经典影片，如法国的浪漫爱情片、日本的动漫电影或印度的宝莱坞歌舞片。

② 观影后，组织学生进行小组讨论，分享彼此对电影内容、文化元素和所反映的社会现象的看法与感受。

③ 邀请电影研究专家或外籍教师作为嘉宾，为学生提供更深入的影片解读和文化背景分析。

（2）文化节庆活动

① 在重要的国际节日，如圣诞节、春节、印度排灯节或墨西哥亡灵节期

间，举办主题庆祝活动。

② 鼓励学生参与节日装饰布置、传统服饰展示、民族歌舞表演以及特色美食品尝等环节，让他们亲身体验不同文化的庆祝方式和节日氛围。

③ 通过这些活动，学生不仅能够了解各种文化的风俗习惯，还能增进对不同文化背景的同伴的理解和尊重。

（3）主题展览

① 定期举办以特定国家或地区为主题的展览，如"走进非洲""拉美文化探秘"或"欧洲艺术之旅"。

② 展览可以包括该地区的历史文物、艺术品、传统服饰、生活用品以及介绍当地社会风俗的图片和文字资料。

③ 邀请相关领域的专家或留学生进行现场讲解和交流，为学生提供更多关于展览内容的背景知识和个人见解。

通过上述丰富多彩的文化体验活动，学校能够为学生创造一个多元化、包容性的学习环境。学生不仅可以近距离接触和感受外国文化的独特魅力，还能在亲身参与和感知体验中增强自己的跨文化交际能力和文化情感认同。这些经历将有助于他们更全面地发展自己的文化意识，从而培养成为具有国际视野和跨文化交际能力的优秀人才。

四、结语

在文化意识视域下，高中英语听力教学承载着培养学生跨文化交际能力的重要使命。通过深入探讨文化背景知识在听力教学中的渗透与融合，我们不难发现，文化意识的提升不仅有助于学生更准确地理解听力材料，还能激发他们对多元文化的兴趣与尊重。因此，教师在教学实践中应积极融入文化元素，引导学生关注语言背后的文化内涵，培养他们的文化敏感性和跨文化交际能力。展望未来，我们期待更多教育工作者在听力教学中不断探索创新，将文化意识的培养贯穿于高中英语教育的全过程，从而培育出具备全球视野和跨文化交际能力的优秀人才。

第二节　文化意识视角下的口语教学

从文化意识的视角出发，高中英语口语教学不仅是语言技能的传授，更是文化认知与跨文化交际能力的培养。本文旨在探讨如何将文化意识有效融入高中英语口语教学，以提升学生的口语表达能力，并为其未来的国际交流奠定坚实基础。

一、引言

学习英语的终极目标在于能够自如地运用这门语言与他人进行无障碍的交流和沟通。为了实现这一宏伟目标，学生必须具备出色的英语口语表达能力，这是不可或缺的前提。通过对新颁布的英语课程标准进行深入剖析，我们可以清晰地看到，《英语课标（2020年）》不仅要求教师着重培养学生的文化意识，更强调了对学生英语口语表达能力的锤炼。这样的双重关注，旨在让学生更加全面地了解中西方文化之间存在的差异，并通过这种文化的对比学习，进一步增强学生的文化意识和英语实际应用意识。

培养学生的文化意识需要依赖语言和文化的双向互动交流，这涵盖了输入和输出两个方面。人教版普通高中英语教科书精心设计了各个板块，均巧妙地融入了丰富的文化元素，旨在全面培育学生的文化意识。然而，当前的高中课堂教学在文化意识培养方面存在明显的不平衡现象。读写教学中相对重视文化意识的渗透，但在口语教学中，教师往往偏重于语言技能的训练，忽视了文化意识的培养，这导致学生核心素养的培育在听说课堂上难以得到有效实施。

人教版教材的口语教学主要聚焦于Listening and speaking板块以及Listening

and talking板块。这些板块中的听力语篇大多以人物对话的形式呈现，蕴含了丰富的文化元素。这些对话不仅是提升学生语言技能的良好素材，更是引导学生在真实的文化语境和生动的人际交流中获取文化知识、深入理解文化内涵并有效输出文化知识的理想载体。因此，教师应充分利用这些资源，将文化意识的培养有机融入听说教学中，以实现学生核心素养的全面提升。

二、文化意识视域下的口语教学原则

1. 实现语言与文化的深度融合

语言与文化之间存在着紧密而不可分割的联系，二者相互依存、相互促进，共同构成了人类交流的核心要素。在听说教学中，以培养文化意识为目标，并非简单地在语言教学基础上增加文化知识的传授，而是要在语言教学过程中有意识地融入文化元素，使学生在学习语言的同时，深刻理解和体验文化内涵。这就要求在听力训练中，教师不仅要关注学生对听力文本中词汇、句型的掌握，更要设计能够引导学生深入挖掘听力材料文化内涵的教学任务。在口语表达方面，教师也应注重指导学生如何在不同的文化语境中恰当地运用语言，实现有效的跨文化交流。只有将语言教学与文化教学紧密结合，才能真正达到在语言学习中培养学生文化意识的目的。

2. 重视文化意识的潜移默化

意识是人类对客观世界的反映和认知，是通过感知、思考等心理过程形成的观念、想法和态度。在高中课标中，文化意识被赋予了丰富的内涵，包括获取文化知识、理解文化内涵、比较文化异同、汲取文化精华等多个方面。因此，在听说教学中，我们不能仅仅满足于文化知识的简单灌输，而应该立足于本土文化，以主题语境为切入点，设计具有层次性和递进性的语言教学活动。通过这些活动，充分激发学生的感知注意、感悟鉴别、对比分析以及迁移表达等能力，引导他们在与不同文化的对比赏析中逐步坚定自己的文化立场，培养自尊、自信、自强的良好品格，并发展跨文化交际能力。最终，将文化知识真正内化为学生的文化意识。

3. 加强对目标达成度的评估与反馈

教学评价是英语课程中不可或缺的一部分，它对于促进英语学习、改进英语教学以及完善课程设计都具有重要意义。文化意识作为一种内在的能力和素养，其达成度的评价并不像语言能力那样直观和易于量化。然而，教师可以通过观察学生的课堂参与度、发言积极性以及交际表现等方面来对学生的文化意识发展情况进行评价。同时，教师还可以适时地给予点拨和引导，帮助学生更好地理解和掌握文化知识。除了教师主导的评价活动外，还应鼓励学生开展自评和互评，通过设计学习效果评价表等方式，让学生更加主动地参与到评价过程中来，从而更好地了解自己的文化意识发展情况。

三、文化意识视域下的口语教学实践探索

下面，我们以人教版教材必修第三册Unit 1 Festivals and Celebrations中的Listening and speaking板块为例，来详细阐述如何在听说教学中聚焦文化意识的培养。这一板块的活动主题是"谈论节日活动"，它隶属于"人与社会"这一主题语境，并包含了三则富有文化特色的小对话，分别展现了日本的成人节、巴西里约热内卢的狂欢节以及中国的元宵节的独特魅力。

1. 深入解读文本，设定具有文化导向的教学目标

文化意识的渗透往往隐藏在文本内容的深层设计之中。因此，对语篇的深入解读成了以培养文化意识为目标的听说教学的关键起点。具体来说，教师可以从以下三个维度对文本进行深度剖析：首先，解读"说的内容"，即深入探究语篇的主题、内容以及其中所蕴含的文化知识；其次，解读"说的方式"，即细致分析说话人的语气及其所附加的情感表达功能；最后，解读配图等多模态信息，全面把握其中所展现的文化现象（详见下表）。Listening and speaking板块的听力语篇由三则对话精心组成。

对三则对话的解读

对话	说的内容	说的方式	配图信息
一	发生场景为日本的成人节；内容为记者采访一名参加节日庆祝活动的女生	欢快地、喜悦地	参加成人节活动的年轻女子身穿和服，笑容灿烂

续 表

对话	说的内容	说的方式	配图信息
二	发生在即将参加狂欢节的一对朋友之间；内容为其中的一位朋友提醒另一位朋友选择合适的节日游行服装	激动地、迫切地	人们在狂欢节上热情表演
三	发生场景为元宵节灯会；内容为导游带领游客参观元宵节灯会并回答游客的问题	愉快地、好奇地	元宵节灯会上张灯结彩

基于上表的详细解读，教师制定了以下具有文化导向的教学目标：在完成本板块的学习后，学生应能够：

（1）通过倾听对话，有效获取并理解相关的文化知识；

（2）通过深入挖掘语篇中的细节信息，并辅以必要的文化信息补充，深刻理解节日这一文化现象背后的精神内涵；

（3）通过探究不同文化之间的差异与共性，形成客观、包容、自信的文化态度；

（4）在课堂模拟对话中，能够灵活运用所学的文化知识，展现出得体的文化行为。

2. 精心创设文化情境，有效激活学生的文化认知图式

在英语教学中，文化教学的有效开展必须依托于特定的文化情境。文化情境能够帮助学生激活已有的文化认知图式，从而极大地提升他们的学习积极性。为了创设出具有关联性、主观性和趣味性的文化情境，教师在导入环节可以巧妙地联系学生的生活实际。

考虑到学生对节日这一话题通常有着较为丰富的生活体验和感受，教师首先引导学生围绕问题"What festivals do you celebrate？"展开头脑风暴活动。这一设计旨在激活学生的背景知识，帮助他们迅速融入主题语境之中。随后，教师引导学生观察教材中的插图，并回答一系列问题，如"What are the three festivals in the pictures？""Where are these festivals mainly celebrated？""What else do you know about them？"。在回答问题的过程中，教师及时板书学生提到的关键词汇，不仅可以有效激活学生关于中国元宵节的文化知识图式，也可以了解到学生在日本成人节和巴西里约热内卢狂欢节方面的认知是否不足，从而进一步激发他们的文化求知欲和探索热情。

3. 精心设计多层次活动，深化学生的过程体验

在英语教学中，要实现文化意识的有效培养，就必须注重优秀文化在全方位、全过程中的有机融入与深层渗透。学生作为学习活动的核心主体，其文化意识的培养应当贯穿于各类学习活动之中。为此，教师应根据学生的认知特点和规律，设计具有层次性和递推性的教学活动，让学生在中外优秀文化的熏陶下获得深刻的感悟和体验。通过这些活动，学生不仅能够丰富自身的文化知识积累，还能逐步加深对文化内涵的理解，进而形成稳固的文化意识。

（1）提升感知与注意力：全面获取文化知识

文化知识涵盖了中外优秀的人文和科学成果，既包括物质文明知识，也涉及精神文明知识。这些知识是学生形成跨文化意识、培养人文和科学精神、坚定文化自信的重要源泉。在文化知识获取阶段，除了引导学生从听力材料中捕捉"是什么""怎么样"等显性文化知识外，教师还应指导学生关注说话人的文化立场，以获取隐性文化知识。这些隐性文化知识通常包括潜藏的、不易察觉的意识形态、价值观念、思维模式等较为抽象的文化信息。在实际的语言交流中，说话人往往会因人、因事或因场合的不同而使用非常规的语调来表达自己的感情、情绪和态度。

为了帮助学生更好地获取文化知识，教师可以先呈现下表，让学生听对话并记录关于不同节日的准备活动和庆祝活动。这样，学生就能初步了解与节日相关的显性文化知识。

显性文化知识

Conversations	Festivals	Preparations for the festival	Activities to celebrate the festival
Conversation One	Coming-of-Age Day	spend hours getting dressed and doing her hair and make-up	celebrate the day with her family; have a party

续 表

Conversations	Festivals	Preparations for the festival	Activities to celebrate the festival
Conversation Two	Rio Carnival	wear something light and cool; wear comfortable shoes	join the parade; march along the streets and dance till midnight
Conversation Three	Chinese Lantern Festival	—	enjoy the lantern show; eat yuanxiao/ tangyuan with their family

接下来，教师引导学生关注对话中表达观点的词汇，如"fantastic" "enjoy" "real treat for the eye" "amazing"等，从而使学生直观地感受到说话人对所谈论文化主题的情感倾向。然后，教师提出问题："对话中的说话人听起来怎么样？""他们有什么感受？"引导学生发现说话人在参加节日时的激动和喜悦心情。最后，教师进一步提问："说话人是如何看待他们自己的节日的？"引导学生推断出说话人对各自节日的深厚热爱与强烈认同感，从而帮助学生获取更深层次的文化信息。

（2）增强感悟与鉴别力：深入理解文化内涵

文化意识的培养强调对优秀文化精神内涵的理解和鉴别。文化知识作为文化意识的基础，是一种相对静态的存在。然而，仅仅掌握文化知识并不足以形成稳固的文化意识。意识的形成是一个思维和探索的过程，必须基于对文化知识的深入理解和运用。因此，理解文化内涵是从文化知识走向文化意识的关键步骤。

在实际教学中，为了帮助学生深入理解文化内涵，教师可以根据语篇细节信息设计具有关联性和启发性的问题。同时，教师还可以补充相关的文化素材，以丰富学生的文化视野。例如，教师可以提问："Why did the girl spend so much time getting dressed and doing her hair and make-up？" "What does Coming-of-Age Day mean to the Japanese？ What did the girl say？"通过这些问题和补充的关于成人节的其他习俗的信息，学生能够更深入地理解成人节背后的文化内涵和精神意义。成人节不仅是一个庆祝仪式，更标志着一个人从这一天起开始真正对自己负责、对社会负责。通过这样的教学活动设计,学生的感悟与鉴别力得到了提升,对文化内涵的理解也更加深刻。

【教学片段】

T：Why did the girl spend so much time getting dressed and doing her hair and make-up?

S1：Because it was an important festival and she wanted to look good on the day.

T：Yes. What does Coming-of-Age Day mean to the Japanese? What did the girl say?

S2：It means being self-supporting and responsible for your own actions and decisions.

T：Good！ So the festival means more than having fun on that day.

（3）深入对比与细致分析：探寻文化间的异同

文化比较是学生深化理性思考、提升文化鉴别力及塑造个人文化立场的重要基石。我们所强调的文化意识,实际上是指对文化多样性的认识,对差异的包容态度,对异域文化的理解与共情能力,以及对本土文化价值观与行为方式的自省与领悟。因此,当学生对某一文化内涵有了一定了解后,教师应引导他们进一步开展文化异同的比较活动。

在教学过程中,教师首先从文化的差异性切入,提出"这三个节日之间有哪些不同？"的问题,鼓励学生深入挖掘不同文化的独特之处,感受多元文化的迷人魅力。在这一过程中,教师还应着重引导学生认识到,每一种文化都是特定群体生活方式的反映,我们既不应盲目崇拜外国文化,也不应抱有狭隘的民族主义思想。随后,教师提出"为什么世界各地都会庆祝节日？"的问题,引导学生通过探寻文化间的共性,思考节日所蕴含的深层意义——即人们对共同精神追求和美好愿望的寄托,从而帮助学生拓宽全球视野,树立人类命运共同体意识,提升其文化修养与情怀。

（4）灵活迁移与准确表达：实践中的文化行为体现

文化意识的培养最终需要落实到具体的文化行为上。基于学生在听力训练中已获取的文化知识，以及在后续活动中对文化内涵的理解和文化异同的比较，教师可以在口语练习中设计与主题紧密相关的模拟对话活动，帮助学生通过实际交流运用所学，展现正确的文化行为。

教师根据教学主题设计模拟对话活动，如"Work in pairs and discuss which of these three festivals attracts you most and why."，并提供相应的语言支架：

A: I think the Rio Carnival would be the most exciting. After all, as you know, I love dancing!

B: I love dancing, too, but I'm not sure I'd enjoy it in such hot weather.

A: So which festival do you enjoy best?

B: I like ...

在学生充分进行小组讨论后，教师邀请几组学生上台进行对话展示。这一环节不仅是文化意识培养成果的集中展现，更有助于学生综合运用所学知识表达自己的文化偏好，同时在倾听他人观点时能够给予恰当、得体的回应，从而完成有效的文化交流。

4. 实施深度评价策略，助推文化意识的形成与巩固

评价包括形成性评价和终结性评价两种类型。在课堂教学过程中，教师应充分发挥形成性评价的作用，实时监控学生的学习投入程度和积极性，扮演好课堂调控者和引导者的角色。例如，在上述教学活动中，教师及时使用鼓励性语言对学生的表现给予肯定，并适时板书学生表达中的关键信息，以强化学生的正面情感态度。在课堂接近尾声时，教师应引导学生开展自评和互评相结合的终结性评价活动，使学生在评价过程中不断反思并提升自己的文化意识水平。

为此，教师呈现学习评价表（详见下表），指导学生进行自评和互评操作。这一评价环节不仅有助于检测文化导向教学目标的达成情况，更能促使学生对自己的文化意识形成过程进行深入的反思和总结。

学习评价表

姓名：	自我评价			同学评价		
评价内容	好	一般	需改进	好	一般	需改进
能够提取对话中的文化知识并及时记录						
积极思考提出的问题并参与课堂讨论						
在模拟对话中有条理地表达自己的文化立场并给出充分的理由						
在模拟对话中以平等、包容的心态倾听同学的表达，并给出得体的回应						
还需要改进的地方						

5. 积极拓展课外延伸活动，全面增强学生英语学习体验

课外延伸活动对于提升学生的英语口语表达能力具有至关重要的作用。然而，受我国当前教学体制的限制，许多学校难以腾出额外时间组织学生参与课外拓展，更难以在其中融入跨文化元素。因此，在高中英语教学过程中，教师应当积极探索并带领学生投身于富有实践性的课外延伸活动，同时巧妙地将跨文化意识融入其中，从而更有效地提升学生的英语口语表达能力。

受本节课教学内容的启发，教师可以策划并组织一场以"语言与非语言文化交际"为主题的交流演绎活动。通过这样的活动，学生不仅能够在实践中锻炼英语口语，还能更深入地理解文化差异对交际的影响。特别是在当前中西方文化差异日益显著的背景下，同一交际行为在不同国家可能传达出截然相反的含义。因此，教师有必要引导学生深入了解各种文化的特性和内涵，以便他们能够更准确地运用语言和非语言方式进行跨文化交流，进而显著提升他们的跨文化意识和自我表达能力。

此外，教师还可以组织丰富多样的英语演讲比赛，选取与本节课内容紧密相关的文化话题，以此加强知识、生活与文化之间的内在联系。同时，电影模仿秀也是一个极佳的选择，学生可以在模仿过程中深刻感受文化的魅力，并通过英文表达自己的观影感受，从而在愉悦的氛围中提升英语口语表达能力。

四、结语

在《英语课标（2020年）》理念的引领下，培养高中生的文化意识和口语表达能力已经上升为英语教师教学的核心任务。鉴于国际竞争的不断加剧和国际交流的不断深入，教师需要具备前瞻性的视野，紧密结合现实情况来设计教学，着重关注学生跨文化意识和能力的培育与发展。因此，高中英语教师在教学实践中必须采取创新且富有成效的教学方法，为高中生打造优质的英语学习环境，切实培养和提升学生的跨文化意识和口语表达能力。这将为他们未来的学习与发展奠定坚实的语言和文化基石，助力他们在全球化的舞台上更加自信地展现自我。

第三节 文化意识视角下的阅读教学

　　语言与文化紧密相连，互为依存。语言是文化的传递工具，而文化则为语言提供了深厚的内涵。英语阅读能力的高低，在一定程度上反映了学生的英语语言能力。在高中英语阅读教学中，教师除了传授基础的英语语言知识和语言技能外，更应引导学生深入研读阅读文本，讲解并阐释中西文化的差异，以帮助学生更好地理解中西文化的背景。然而，当前的高中英语阅读教学中，教师往往忽视了对学生中西文化对比意识的培养，存在"重视语言教学，轻视文化教育"的问题。因此，迫切需要探索有效的教学策略，以培养学生的中西文化对比意识，提高他们的跨文化交际能力。

一、高中英语阅读教学中，高中生培养文化意识的意义

　　随着高中英语新课程标准的实施，文化意识的培养已经明确成为英语阅读教学的核心任务之一。通过在阅读课堂上从不同视角对比分析中西文化差异，学生可以更深刻地理解阅读文本中的文化内涵，提升对中西文化的辨析与鉴赏能力。这种教学方式不仅有利于促进学生文化素养和文化品格的发展，更能帮助他们在跨文化交流中更加自信、从容。

　　通过培养中西文化对比意识，学生能够深刻认识中西文化的差异，学会欣赏中西优秀文化，并从中汲取文化精华。长此以往，学生将逐渐形成正确的文化价值观，成为具有良好文化素养和文化品格的优秀人才。

　　此外，中西文化对比意识的培养还有助于学生提高文化敏锐性，增强对中西文化差异的探索能力。学会以客观、理性的态度看待中西文化差异，强化民

族文化认同感，同时开阔国际视野，树立文化自信。这将有助于学生在未来的跨文化交流中更好地应对各种挑战，成长为具有文明素养和社会责任感的国际公民。

在高中英语阅读课堂中，教师应充分利用英语教材和阅读拓展素材中涉及中西文化知识的内容，引导学生进行深入学习和思考。通过这种方式，学生可以更加全面地了解中西文化的真正内涵及它们之间的差异，并在此基础上提升中西文化对比的能力，为未来的跨文化交流打下坚实的基础。

二、高中英语阅读教学中，高中生文化意识培养的问题

高中英语阅读教学不仅是语言技能的培养，更应深入挖掘英语语言背后的文化内涵。培养学生的中西文化对比意识，对于提高他们的中外文化辨析能力，以及理性客观地对待中西文化差异具有重要意义。然而，在实际教学中，这一意识的培养却存在明显问题。

1. 缺乏对中西文化对比的意识

在传统的高中英语阅读教学中，受词汇量大、句型语法复杂等因素的影响，教师的教学重心往往偏向于语言知识点的传授，以应对高考的压力。这种以高考为导向的教学模式，导致英语阅读教学活动主要围绕英语语言知识展开，而忽视了对中西文化知识的深入探究。许多英语教师忙于完成繁重的教学任务，缺乏足够的时间和精力去系统地学习文化知识。因此，在阅读课堂上，他们很少对教材中涉及的中西文化知识进行深度讲解，也未能充分挖掘英语教材和课外阅读素材中的中西文化资源。此外，由于对中西文化缺乏客观的对比和深入的了解，当需要介绍相关文化时，教师往往难以给出恰当的解释和例证，进而导致学生的中西文化对比意识薄弱，对中西文化之间的差异缺乏足够的认识和理解。

2. 缺乏对文化差异的敏锐性

在传统的高中英语阅读教学模式下，英语教师往往侧重于机械地传授英语语言知识以提升学生成绩，而对中西文化的深层内容，特别是文化背景，讲解相对不足。这种教学方式导致学生过分关注语言知识的学习和语言技能的提

升，却忽视了探究英语语言背后的多元文化背景及相关文化知识的重要性。学生在学习涉及不同文化的阅读文本时未能充分辨识和分析文化差异，表现出文化敏锐性的缺乏，难以从客观理性的视角去理解和欣赏不同文化间的独特性。例如，在人教版高中英语选择性必修第一册的Unit 4 Body Language阅读文本教学中，学生通过学习不同的身势语实则在接触和理解不同的文化，因为身势语在不同的文化中承载着各异的含义。但由于学生缺乏必要的文化敏锐性，他们往往难以深刻领悟这种文化差异，也无法以积极主动的态度去接纳和欣赏这种文化的多样性。

3. 缺乏多样化的文化意识培养方式

文化意识的培养是一个长期而复杂的过程，需要教师在高中英语阅读课堂中灵活运用多样化的教学方法，以培养学生独立辨别中西文化差异的能力。这种意识的培养要求多种教学手段的有机融合，但当前一些教师的阅读教学方式仍有待改进。一些教师在阅读教学中仅依赖教材配图进行简略的口头阐述，未能采用更多元的方式对教材中所涵盖的中西文化差异内容进行深入探讨；另一些教师在传授文化知识时过于主导，缺乏学生之间的互动讨论环节，从而抑制了学生的主观能动性。这样的教学方式不利于学生中西文化对比意识的培养，阻碍了学生跨越时空界限去深入体验不同国家的文化资源和中西文化差异的可能。同时，也导致学生无法在不同文化的学习中养成客观看待中西文化差异的态度，难以拓宽国际视野并树立文化自信。

4. 缺乏对中西文化的思辨能力

在文化对比意识的培养过程中，教师应当设计多层次的思维活动，引导学生深入体验、比较和鉴赏不同文化。这样的教学方法能够帮助学生深刻理解各种文化现象，探索其背后的文化内涵，吸收不同文化的精髓，并提升对不同文化的思辨能力。然而，在当前的阅读课堂中，学生很少运用对比、鉴赏等思维方式去分析中西不同文化现象背后的文化价值观，也未能对中西文化的异同进行深入探讨。在阅读相关文本材料时，学生缺乏对中西文化的深刻分析、比较和理解，他们的认识往往仅停留在表面。具体来说，当面对西方文化中的价值观、人际交往观、道德观和家庭观时，学生未能形成对中西不同文化的正确认识，也无法真正体会到中西文化之间的异同。因此，教师需要在阅读教学中更加注重引导学生进行深入的文化对比和鉴赏，帮助他们建立全面的文化认知体系。

三、高中英语阅读教学中培养文化意识的策略

在高中英语阅读课堂上，教师需要精心设计教学内容，确保学生能够广泛接触到来自不同国家和地区的文化元素。这样的教学方法不仅能够使学生了解到世界的多元文化现象，还能够培养他们的跨文化意识和文化对比思维。通过这种深入的文化体验与学习，学生可以更加客观地看待不同文化，从而拓宽国际视野，树立文化自信，并为未来成为具有全球化视野的人才打下坚实基础。

1. 创设沉浸式文化情境，点燃学生的学习激情

创设富有文化内涵的教学情境，将学生带入真实的语境中，感受文化的独特魅力。通过多媒体教学、讨论、想象等方式，激发学生的学习兴趣和好奇心，让他们更深入地了解文化内涵，从而点燃学习英语的热情。

（1）构建真实文化情境，让学生深入体验文化内涵

在高中英语阅读教学中，精心构建文化情境至关重要，因为它能将学生引领进一个真实的语言环境之中，从而更深刻地理解和欣赏文本所蕴含的文化精髓。为实现这一目标，多媒体教学成了一种不可或缺的手段。通过丰富多彩的多媒体资源，教师可以为学生呈现一个生动、立体的文化画卷。这其中包括利用图片和视频来展示壮丽风光、独特节庆以及深厚历史，使学生能够身临其境地感受其文化的独特魅力。同时，音乐、电影片段以及文学作品等资源的融入，更是为学生打开了一扇全面了解不同文化深度和广度的窗口。

以译林版高中英语必修第二册Unit 3 Festivals and customs 中的Importance of promoting traditional Chinese festivals in modern society阅读教学为例，教师可以通过精心挑选的图片和视频课件，将学生带入中国传统节日的热闹氛围之中。无论是春节的喜庆祥和、元宵节的灯火辉煌，还是端午节的龙舟竞渡、中秋节的月圆情满，都能极大地激发学生的兴趣和好奇心，让他们仿佛亲身参与其中，深刻感受这些节日的独特文化内涵。此外，通过播放富有节日氛围的音

乐，如春节的贺年歌曲或元宵节的赏灯歌曲，学生还能更直观地领略到传统音乐中蕴含的文化情感和价值观。这种充满文化韵味的教学氛围，不仅使语言学习变得生动有趣，更能有效激发学生的学习热情，为后续的文化体验打下坚实基础。

（2）引发讨论与想象，激发学生的学习热情

当学生被置身于一个充满文化气息与情感共鸣的情境之中时，他们会更容易产生强烈的参与感和表达欲望。通过积极的讨论和想象，学生能够自由地抒发自己的观点和见解，这不仅有助于他们更深入地理解文本中的文化内涵，还能促进他们与同学之间的文化交流与碰撞。这种开放、包容的学习氛围对于培养学生的批判性思维和跨文化交际能力具有重要意义。在构建情境时，教师应选择与阅读材料紧密相关且能引发学生共鸣的话题，以激发他们的讨论热情和想象力。例如，在上述的中国传统节日情境中，教师可以引导学生想象自己正在参加一场热闹非凡的春节庙会，并围绕"What traditional performances do you want to see at the Spring Festival temple fair, or which activities best reflect the cultural characteristics of the Spring Festival?"等话题展开自由讨论与想象。在这样的学习氛围中，学生会更加积极主动地投入到学习活动中去，通过不断地思考与表达来逐步提升自己的文化意识和跨文化交际能力。

2. 深入挖掘文本内涵，全面培养文化意识

在高中英语阅读教学中，我们应深入挖掘文本的文化深层知识，精细研读以探寻文化内涵，同时鼓励学生对比分析文化差异，形成独立的文化立场，从而在高中英语阅读教学中全面培养学生的文化意识。

（1）精细研读，探寻文化深层知识

文本中所蕴含的文化内涵往往并非一目了然，而是需要学生通过深入剖析、细致解读与逻辑推理来逐步揭示。这就要求教师在阅读教学中，必须注重引导学生进行深入的文本研读，不仅要准确理解文字的表面意义，更要敏锐捕捉文本中潜在的文化元素。这些元素可能包括特定文化背景下的词汇、习语、象征、隐喻，以及与文化紧密相关的历史事件和传统习俗。

学生需要学会如何从文本中提炼出这些文化线索，从而更深入地理解文化

的内涵。同时，教师也应鼓励学生积极提出疑问，例如："这段文本体现了哪种文化的特征？""它反映了哪些文化观念和价值观？""文本中是否涉及特定的传统习俗或历史背景？"。通过自主提问和深入讨论，学生将能够更深入地探究文本所蕴含的文化内涵，这不仅有助于他们更准确地理解阅读材料，还能有效培养他们的批判性思维和主动学习能力。

以译林版高中英语必修第二册Unit 2 Be sporty, be healthy中的Finding a balance:my tai chi experience为例，教师可以首先引导学生关注文本中的文化特定词汇和习语，如"太极""阴阳"等，并探讨其文化内涵。同时，对于文本中出现的比喻性表达，如"白鹤亮翅"和"金鸡独立"，教师应引导学生理解其背后的文化寓意。此外，教师还可以引导学生关注文本中提到的历史人物张三丰及其与太极发展的关联，从而更深刻地理解太极在中国文化中的地位和影响。通过这一系列精细的文本分析，学生将能够更全面地理解文本中的文化内涵，增强对不同文化的敏感性，并深化对太极和中国文化的认知。

（2）对比分析，塑造独立文化立场

在高中英语阅读教学中，引导学生对文本中的文化差异进行对比分析，是培养他们文化意识的重要环节。这一过程的目的在于帮助学生认识到不同文化之间存在的差异，并鼓励他们思考和表达对这些差异的个人看法和态度。

为了实现这一目标，教师应首先指导学生识别文本中的文化差异，这包括价值观、习俗、信仰以及社会结构等方面的不同。学生需要学会从文本中捕捉这些差异，并理解它们是如何影响文本内容和人物行为的。接下来，教师应鼓励学生就这些文化差异发表自己的看法，思考是否认同或反对文本中呈现的文化观点。这一过程将有助于培养学生的批判性思维和自主判断能力，使他们能够形成独立的文化立场。

以Finding a balance:my tai chi experience这篇阅读为例，文章强调了太极对身心健康的积极影响。在阅读过程中，教师可以引导学生思考西方国家是否存在类似的身心健康实践，如瑜伽和冥想等。通过对比分析这些实践在不同文化中的价值和影响，学生可以形成更全面的文化认知。同时，教师还可以鼓励学生思考自己对这些实践的看法和态度，是否愿意接受或尝试不同文化的身心健康方式。通过这种文化差异对比学习，学生将能够形成更独立的文化立场，增强文化意识，提升批判性思维能力，并更好地理解和欣赏不同文化。这将有助于他们在未来的跨文化交际活动中以更加开放和包容的心态去面对和理解不同文化。

3. 拓展阅读后活动，深化学生文化认知与实践

（1）延伸阅读，丰富学生文化知识库

阅读课程除了帮助学生理解文本内容外，更应鼓励他们深入挖掘文化内涵，从而增强文化储备。为此，教师可以通过设计读后拓展活动，引领学生进入更广阔的文化领域，进而培养他们的跨文化交际能力。在实施过程中，教师可以指导学生选择文本中感兴趣的文化元素进行深入研究，如探索某个历史时期的文学特点、解析特定文化背景下的作品主题等。学生完成研究后，可以通过制作海报、举办展览、撰写研究报告或制作视频等多种形式来展示他们的成果。这样的活动不仅让学生有机会亲身感受文化的魅力，还能提升他们的表达和传播能力。

以译林版高中英语必修第二册Unit 4 Exploring literature中的The wonder of literature为例，教师可以鼓励学生选择一个文学时代或流派进行深入探索，如文艺复兴时期的文学繁荣或浪漫主义诗歌的特点。学生可以通过撰写研究报告来详细介绍这一时期的文学风格、代表作品及其对社会文化的影响。此外，学生还可以选择文学中的经典片段，如Romeo and Juliet的爱情对白或Hamlet的著名独白，深入剖析其背后的文化意蕴和象征意义。这些拓展活动将帮助学生更加深入地理解文学作品中的文化元素，丰富他们的文化知识库，并提升他们的研究能力和表达能力。

（2）角色扮演，增强学生文化实践能力

语言学习的终极目标是能够在现实生活中灵活运用。在阅读教学中，教师应通过组织丰富的角色交流活动，让学生模拟文本中的情境和角色，从而亲身体验文化的多样性并培养跨文化交际能力。在角色扮演过程中，学生需要深入思考并展现角色的特点、行为习惯和价值观，同时与其他角色进行互动。这种教学方式有助于学生更直观地理解文本中的文化差异，感受不同文化的独特魅力。

例如，在The wonder of literature的教学中，教师可以设置不同的情境任务，让学生在角色扮演中深入体验文本内涵。例如设置一个海滩探险的情境，让学生扮演儿童、成人和文学家等不同角色，通过对话和互动来展现各自对文学和生活的不同理解和感受。活动结束后，教师可以引导学生进行反思和讨论，分享他们在角色扮演过程中的体验和收获，进一步加深对文本文化内涵的理解。这种互动性和体验性强的教学方法能够激发学生的学习兴趣和积极性，提升他们的文学素养和文化意识。

四、结语

文化对比意识的培养并非一蹴而就，而是需要长期的积累和沉淀。因此，高中英语教师必须高度重视并致力于培养学生的中西文化对比意识。为了实现这一目标，教师需要深入挖掘教材中的中外文化内涵，拓展相关的英语阅读素材，并运用有效的策略对中西文化在不同方面的差异进行对比分析。通过这样的教学，学生可以更深入地了解中西文化的特色，树立文化对比意识，并提升其中西文化对比能力。

同时，在讲解西方文化的过程中，高中英语教师也应注重对中国文化的深入讲解。这种平衡的教学方式有助于学生形成理性的文化对比思维，树立正确的人生观、世界观和价值观。此外，通过增强国家意识、拓宽国际视野，学生可以更加坚定文化自信，并积极主动地传播和弘扬中华优秀传统文化。这样的教育不仅有助于培养学生的跨文化交际能力，还能为他们的全面发展奠定坚实的基础。

第四节　文化意识视角下的英语写作教学

写作技能的培养始终是语言教育领域的一个核心议题。在高中教育阶段，尽管写作教学备受关注，但学生写作能力的提升却显得步履维艰，教学效果往往难以达到预期。这一现象背后的重要原因之一在于，多数学生对于英汉表达之间的文化差异缺乏足够的认识，无法熟练运用英语思维进行表达。中西方在语言运用上的文化差异，对英语学习者的写作技能产生了深远的影响。作为文化的重要传播工具和具体表现形式，语言深受中西文化差异的影响，这种差异也成为提升学生英语写作能力的隐形障碍。

尽管国内外已有大量关于中西文化差异的教学研究，但针对文化差异对高中生英语写作影响的研究却寥寥无几。深入探究这一问题，并寻求切实可行的解决方案，不仅有助于学生提升英语写作水平、减轻学业压力，更能推动教育教学质量的整体提升。

一、中西文化差异对英语写作的影响

英语写作，作为一种语言表达方式，同样深受语言文化的熏陶。不同的国家拥有独特的社会制度、生活环境、宗教信仰、风俗习惯以及历史传统，这些文化元素在语言层面上的体现就是各种语言差异。在长期的历史发展过程中，人类社会形成了各自独特的信仰体系、行为习惯、民族性格、心理特征、社会制度以及价值观念。当我们进行写作时，这些因素或是直接引导我们的写作思路，或是潜移默化地影响我们的潜意识。具体来说中西文化的差异在很多方面都有所体现，英语写作也不例外。文化差异对写作风格、表达习惯以及思维逻辑的构建都会造成显著影响。中西文化的核心价值观、思维方式和表达习惯的不同，使得中国学习者在英语写作时常面临挑战。

首先，在写作风格上，中西文化差异明显。中国的写作传统较为偏重隐喻和含蓄，倾向于通过细腻的描绘和周折的叙述来间接表达主题和情感。而西方写作则强调直白和精确，更为推崇开篇点题，直截了当地陈述论点和提供证据。在英语写作中，这种差异导致中国学生往往需要适应更为直接和明确的表达方式，而西方读者对文章的期望则是清晰的论证和结构。

其次，在文章结构上，中式写作喜欢采用迂回曲折的结构，如经典的"起承转合"，往往在文章的最后部分才揭示主题。相反，西式写作推崇"引论—主体—结论"的条理清晰的模式，开篇即明确指出文章主旨，并在之后展开论述，编排内容时往往遵循线性逻辑。

再次，在逻辑思维方面，中文写作常常依赖于整体性与综合性的思维方式，尤其着重情境和背景的铺陈，讲究文脉连贯、含意深远。西方的写作则是基于分析性和逻辑性的思维，更注重每个观点的阐述与支撑，以事实和数据为基础的逻辑论证是西方写作的典型特点。

最后，修辞手法也是一个体现中西文化差异的点。中式英语写作中常会见到汉语特色的比喻和典故引用，这些可能会使西方读者觉得难以理解。反观西方写作中的幽默或讽刺等修辞手法，可能会因为文化背景的差异而使中国学习者难以驾驭。

例如，在中文写作中使用成语和引经据典非常普遍，但在英语写作中频繁使用成语并不常见。如果中国学生在英语写作中过多使用成语或直接翻译中国的成语，可能无法被西方读者所理解。

二、高考写作对中华传统文化的考查

1. 课程标准对中华传统文化水平的要求

英语学科核心素养中文化意识部分对中华传统文化的三级目标如下。

一级：能够在明确的情境中根据直接提示找出文化信息；了解中外优秀文化；能够用所学的英语简单介绍中外文化现象。

二级：能够选择合适的方式方法在课堂等现实情境中获取文化信息；有传播中国特色社会主义文化的意识。

三级：自觉坚定文化自信；能够用所学的英语讲述中国故事。

2. 高考写作对中华传统文化的考查

近年来，高考英语写作部分十分重视中华传统文化在立德树人方面的独特作用，注重写作与优秀传统文化的结合，充分展现了高考作为国家选拔人才的重要使命。通过写作，不仅考查学生的语言表达能力，更重视对学生文化素养和道德品质的培养与评价，体现了高考对于全面发展的高素质人才培养的高度重视。例如：2023年全国甲卷要求考生以一位中国历史人物为题写一篇短文参加以英语讲述中国故事为主题的征文活动，要求写出人物简介及事迹、意义和启示；2022年1月浙江卷要求考生写参加"中国—爱尔兰文化节"活动后的回忆、个人收获等；2021年全国甲卷要求考生写邮件向外国友人了解哪些中国传统文化更吸引外国友人；2021年6月浙江卷要求考生介绍学校举办的学生国画作品展的时间、地点、观展感受、推荐观展等。这些考查内容设计贴近真实生活，任务难度适中，与学生的实际能力相匹配，同时巧妙地将中华优秀传统文化融入其中。这样的设计旨在引导考生在使用英语了解全球文化的同时，积极传承和弘扬中华民族的优秀文明成果。通过运用富含中国元素的表达方式，讲述精彩的中国故事，从而坚定理想信念和文化自信，让英语回归其作为语言交流工具的本质功能。

三、高中英语写作教学中培养学生文化意识的必要性和原则

1. 高中英语写作教学中培养学生文化意识的必要性

高考英语写作部分对学生的要求不仅是语言知识的有效运用，更包括清晰、连贯的信息传递和意义表达。然而，在实际教学过程中，我们不难发现，学生在写作上除了存在语言表达的错误（如语言基础不扎实、语法错误频发、时态和人称使用不当、审题不严谨导致离题、内容缺乏逻辑性和连贯性等）外，更在内容层面面临诸多挑战。特别是在引入中华传统文化元素后，学生的"中式英语"和"中式思维"问题愈发凸显，内容空洞、词汇匮乏、条理不

清，远未达到课程标准所要求的能够用所学的英语讲述中国故事的水平。

深入分析课程标准、高考英语写作命题以及学生写作中的实际问题，我们认识到在写作教学中培养学生的文化意识至关重要，这不仅是提升学生文化素养的有效途径，更是促进学生全面发展的关键环节。通过有针对性的写作教学，我们不仅可以帮助学生提高英语语言表达能力，更能在潜移默化中渗透中华优秀传统文化，助力学生积累相关语言知识、提升语言运用能力，最终实现用英语讲好中国故事的教学目标。

2. 高中英语写作教学中培养学生文化意识的原则

（1）实用至上原则

在英语写作教学中，我们应坚守实用性原则，即确保所教授的写作知识与学生的日常生活紧密相连。通过这种方式，我们能够引导学生在真实生活情境中探寻文化知识，从而实现知识的有效迁移与运用。

（2）知识与文化融合原则

英语写作教学中的文化渗透应以教材为基石，避免文化知识与写作理论的脱节。我们需要确保所融入的文化知识与教学内容高度相关，这样才能使文化真正成为写作教学的有力支撑。

（3）循序渐进原则

鉴于文化知识的复杂性，教师在进行文化渗透时必须遵循循序渐进的原则。这意味着我们要根据学生的认知水平和接受能力，有计划、有步骤地进行文化知识的教学。首先，通过简单、有趣的文化内容激发学生的兴趣，然后逐步深入，引导学生对文化进行更深层次的理解和思考。

四、文化意识视域下的高中英语写作教学策略

根据课程标准的指引，文化知识教学应通过创设富有意义的语境，巧妙利用信息技术，并基于语篇所蕴含的文化知识，来引导学生深入挖掘其内在意义和丰富内涵。这样的教学方法有助于学生在语言实践活动中学习并内化语言知识和文化知识。王蕾也强调，教师应引导学生以探究主题意义为核心，借助语篇这一载体，在理解与表达的语言实践中融合知识学习与技能提升，通过系

列思维活动形成结构化知识，从而在分析问题和解决问题的过程中锤炼思维品质，塑造文化品格，助推英语学科核心素养的全面发展。基于这些理念，教师在高中英语写作教学中可以采取以下策略来培养学生的文化意识。

1. 主题语境的深层挖掘

英语教学应围绕话题展开，以语言为隐线，让学生在话题和内容中体验语言使用、感知语言结构并尝试语言运用。因此，在英语写作课的教学设计中，教师应选定一个核心主题，并围绕这一主题创造尽可能真实的语言环境和交际场景。通过设计输入与输出的学习活动，帮助学生构建与主题语境相关的知识思维导图，形成知识网络，使零散的知识得以整合。主题语境有助于学生将知识以系统化的方式存储在大脑中，形成文化话题的知识链条，进而促进他们在适当的语境中灵活运用这些知识。这一过程不仅实现了知识的整合与运用，还加深了对文化的理解和认同，从而有效培养了学生的文化意识。

2. 多模态语篇的综合利用

多模态指的是除文本外，还包括图像、图表等多种复合话语形式。在信息时代，人们的阅读模式已不仅限于文字，还包括视觉、听觉、触觉等多种模态和渠道。丰富的网络环境为多模态互动教学提供了广阔的平台。多模态教学鼓励教师通过听、说、读、写、看等多种模态语篇来调动学生的多种感官协同工作，从而强化学习效果，提高教学效率。在高中英语写作教学中，充分利用多模态语篇可以改变单一的教学模式，丰富教学内容，帮助学生更好地接触和理解多模态话语，并进行创造性学习。例如，针对学生对写作内容的陌生感和英语表达能力的不足，教师可以合理运用多模态语篇，如加入与教学内容相关的图片、音频、视频等，以语言和非语言模态共同刺激学生的感官，提升他们的学习兴趣和效果。

3. 多层次活动的精心设计

文化意识的培养应与语言知识的学习和技能的发展紧密结合。为此，教师应设计多层次的学习活动，以帮助学生感知、理解、内化和运用语言知识。这些活动既能为学生提供独立思考的空间，又能为他们搭建合作与交流的平台。通过多层次的学习活动，学生可以学会分析、比较不同的文化现象，从而提升文化素养并培养文化意识。在高中英语写作教学中，教师可以在学生独立写作之前围绕话题设计各种写前活动，如"头脑风暴"和小组讨论等。这些活动旨在提高学生的语言表达能力，同时加深他们对文化的理解和认同。

4. 对比英语文化与我国传统文化

在英语学习和英语写作过程中，母语的影响往往成为许多学生英语学习的难点。因此，在高中英语写作教学中，教师有必要让学生充分认识到我国传统文化与英语文化之间的差异，从而更好地培养学生的文化意识，并能在写作中恰当运用英语文化知识。

首先，在词汇教学方面，教师应反映出中英文化间的差异。例如，在中文中，"狗"这个词往往带有贬义色彩，如"猪狗不如""狗眼看人低"等表达；而在英语中，"dog"这个词则多用于形容积极的事物，如"dog and pony show""Love me，love my dog"等表达。可以说，在英语文化中，"dog"的地位相当于中国传统文化中的"龙"，这体现了不同国家在认知方式和心理状态上的差异。因此，教师在教学过程中应引导学生充分理解并尊重这种文化差异，避免先入为主的偏见。

其次，在句式表达方面，英语注重主谓结构的一致性，且动词形式需随人称变化；而中文则存在许多主语省略句，没有主谓一致的要求。针对这一差异，教师在进行写作教学时，应深入引导学生分析英语的表达习惯，从而降低写作中的错误率，提高英语写作的准确性和流畅性。

5. 校本英语写作课程的创新拓展

培养学生文化意识的任务，不仅应贯穿于教学活动中，更应通过多样化的实践交流来增强学生的情感体验，并锤炼他们的英语写作实际应用能力。在特定的语言环境中，学生可以更深入地理解英语知识和文化，从而提升个人的文化素养。

为实现这一目标，教师在写作教学中可以巧妙运用多媒体技术，为学生提供生动的写作示范。同时，利用优质的视频资源，让学生直观地感受英语背后的丰富文化知识。此外，教师还可以根据写作主题，要求学生自主收集相关文化知识，并鼓励他们将这些知识融入写作中。

例如，在面对"Chinese Literature"这一写作主题时，教师可以要求学生提前搜集各自感兴趣的中国文学作品的相关资料。有的学生可能选择整理《西游记》的精彩情节和人物特征，而有的学生则可能对《红楼梦》中的社会背景和人物关系更感兴趣。在课堂上，教师进一步指导学生根据所搜集的中文资料用英语进行写作，这样不仅能锻炼学生的英语写作能力，还能在写作过程中加深他们对中国文化的理解和热爱，从而有效提升他们的文化素养。

五、文化意识视域下的高中英语写作教学案例

1. 教学分析

主题语境：本次教学围绕"人与社会、历史、文化"的主题展开，深入探讨中国传统文化的精髓和价值。

教学理念：在写作教学中，教师不仅致力于提升学生的语言知识和技能，更注重培养他们学以致用的能力和文化素养。通过引导学生深入理解传统文化，激发他们的爱国情怀，同时提升他们的审美素养。

教学内容：以国画为教学核心，为学生创造一个沉浸式的学习环境。在这个情境中，学生不仅能够学习语言知识，还能提升对知识的实际运用能力，并掌握一些实用的写作技巧。通过这种方式，旨在提高学生的写作水平，同时传播和弘扬传统文化，让学生从中汲取优秀元素，坚定文化自信。

教学方法：教师将利用与国画相关的多模态语篇，精选与国画紧密相关的文章作为教学素材。从国画入手，帮助学生整理和积累与传统文化相关的词汇。通过小组合作和讨论的形式，引导学生分析国画的特征、作用及其对世界的贡献，从而提升他们的语言表达能力和思维品质。此外，结合邀请信的写作特点，教师将指导学生掌握邀请信的结构和句式，引导他们创作出精彩纷呈的文章，并注重词汇和句式的多样化运用。

学情分析：高中阶段的学生思维活跃，学习兴趣浓厚，乐于参与课堂活动。他们已经具备了一定的词汇量和良好的写作素养。然而，在涉及传统文化方面的词汇积累上仍显不足，也没有充分重视语块的积累。除了少数学生外，大多数学生在写作时使用的句式相对简单，缺乏丰富的词汇和句式变化，导致

文章表现不够出色。

教学目标：通过本节课的学习，期望学生能够运用所学的英语知识熟练地介绍中华传统文化中的国画，并承担起传播传统文化的使命。同时，学生应能灵活运用定语从句等复杂句式，提升写作的层次和丰富性。最终，学生应能独立撰写一篇邀请信，邀请外国友人参加与文化相关的活动，展现他们的跨文化交际能力和对传统文化的深刻理解。

2. 教学过程设计

教师首先精心策划话题引入，通过引人入胜的导入环节激发学生的学习热情。具体而言，教师播放一段与国画相关的英文解说视频，辅以中文字幕，生动直观地阐释国画的定义、历史及其与西方绘画的区别。这一设计旨在激活学生已有的知识储备，并为后续学习做好铺垫。

这样的教学设计，不仅丰富了学生关于传统文化的知识，还引导他们将新学知识应用于实际问题中。学生在观看视频的过程中，被鼓励从解说词中提取关键词汇，并将这些词汇融入自己的语言体系中。

国画视频的观看激发了学生对传统文化的浓厚兴趣，为后续学习奠定了良好的基础。同时，视频提供了丰富的语言素材，有助于学生在教师创设的学习情境中更积极地参与讨论和表达。

为了进一步巩固和拓展学生的学习成果，教师组织小组讨论活动。在讨论中，学生尝试用英语描述传统文化，这不仅锻炼了他们的语言表达能力，还促进了知识的迁移和运用。通过小组讨论，学生的思维得到不断提升，学习兴趣日益浓厚，与同学之间的思维碰撞和交流也变得更加频繁和深入。这一环节的设计旨在提高学生的学以致用能力和语言表达素养，从而帮助他们写出更加精彩的文章。

3. 教学反思与总结

高中写作教学应着重激发学生的文化意识，传播传统文化，引导学生坚定文化自信。本节课中，教师以视频导入为切入点，成功地从学生阅读的文章中提取了与传统文化相关的词汇，并通过语篇教学提升了学生的语言表达素养。同时，教师还为学生创设了运用这些词汇的语境，鼓励他们在课堂上充分表达自己的观点，从而提高了写作素养和多元化写作的能力。

通过设计与传统文化相关的主题，教师引导学生进行了深层次的学习，让他们在学习过程中深刻感受到了传统文化的魅力。这不仅激发了学生的文化意识，还坚定了他们的文化自信。最终，学生能够运用所学的英语知识讲述中国故事，实现了语言教学与文化传播的有机结合。

4. 写后自查

学生写后根据自查表（详见下表）检查并修改自己的习作。

自查表

	Check list	Yes /No
Structure	1. Is the writing divided into parts?	
	2. Are there any topic sentences?	
Content	3. Are all the points clearly stated?	
Language	4. Does the writer use any transitional words?	
	5. Is there a variation of words and phrases?	
	6. Are various sentence pattens used?	
	7. Are there any mistakes?	
	Handwriting	

六、结语

英语教学不仅仅是传授语言知识和提升语言技能，更重要的是在发展学生语言运用能力的过程中，引导他们学习、理解和鉴赏中外优秀文化。这样的教学旨在培养学生的家国情怀和审美能力，使他们在学习语言知识的同时，也能拓宽思维视野。

在高中英语写作教学中，教师应积极挖掘中华传统文化的学习资源，将文化意识巧妙地融入教学之中。通过传递优秀传统文化的精髓，教师可以增进学生对这些文化的理解和认同，从而使他们不仅掌握语言知识，更能发展深层次的思维能力。

　　为了实现这一目标，教师可以采用以主题语境为引领、多模态语篇为依托、多层次活动为载体的英语写作教学模式。这种教学模式是培养学生文化意识的重要途径，能够真正有效地强化和提升学生的文化意识。通过这种方式，学生将逐渐成长为具备文化素养和国际视野的高素质人才，不仅能够流利地运用英语进行交流，还能深刻理解并传播中华文化的魅力。

第六章

基于文化意识的高中英语教学创新路径

在当今全球化的语境下，高中英语教学正面临前所未有的挑战与机遇。传统的以语言知识为中心的教学模式已难以满足现代社会的需求，而文化意识的培养则显得尤为重要。基于这样的背景，本章旨在探索将文化意识融入高中英语教学的创新路径。通过分析当前高中英语教学的现状与挑战，结合文化意识培养的重要性，提出了一系列切实可行的教学策略与方法。这些创新路径不仅有助于提升学生的英语实际应用能力，更能培养他们对于多元文化的敏感性和尊重，为未来在国际舞台上发挥更大作用奠定坚实基础。

第一节　经典英语文学与文化意识的培养

随着全球化的不断深入，跨文化交流日显重要，经典英语文学作为文化的精髓，其在培养文化意识方面的重要性日益凸显。经典英语文学作品不仅是语言艺术的瑰宝，更是文化的载体，它们以独特的方式反映了各个时代的社会风貌、价值观念以及人类共同的情感与追求。

通过深入研究经典英语文学，我们不仅可以提升语言技能，更能够增进对不同文化背景的理解与尊重，从而培养全面而深刻的文化意识。这种文化意识不仅有助于我们在国际舞台上更加自信地表达自己，还能够促进我们与世界各国的友好交流与合作。

为此，我们要探讨经典英语文学在培养文化意识方面的独特作用，分析文学作品中蕴含的文化元素，以及如何通过阅读与欣赏这些作品来提升自己的文化素养。我们相信，通过深入的研究与实践，经典英语文学将成为培养具有高度文化敏感性和国际视野人才的重要素材。

一、经典英语文学与文化意识的培养

经典英语文学在高中英语教学中对于培养学生的文化意识具有深远的意义。以莎士比亚的戏剧作品为例，这位文学巨匠的作品不仅语言优美、思想深邃，而且蕴含了丰富的文化元素。在高中英语教学中引入莎士比亚的戏剧，可以让学生接触到文艺复兴时期的英国社会文化，了解当时的社会风貌、价值观念以及人文主义思想。通过阅读《哈姆雷特》《罗密欧与朱丽叶》等经典剧目，学生能够更深刻地理解人性、爱情、权力等主题，并学会用英语表达这些复杂的情感和观念。

此外，简·奥斯汀的小说也是培养学生文化意识的好素材。她的作品如《傲慢与偏见》《理智与情感》等，以细腻的笔触描绘了19世纪英国乡村贵族的生活和婚恋观念。通过阅读这些小说，学生可以了解到当时的社会等级制度、女性地位以及婚恋习俗，从而对英国文化有更全面的认识。

这些经典英语文学作品不仅为学生提供了丰富的语言学习材料，更重要的是，它们打开了一扇了解西方文化的窗户。通过阅读和讨论这些作品，学生能够逐渐培养起对西方文化的敏感性和洞察力，学会用跨文化的视角看待问题。这对于培养他们的国际视野和跨文化交际能力至关重要，也为他们未来的学术研究和职业发展奠定了坚实的基础。因此，经典英语文学在高中英语教学中具有不可替代的地位，是培养学生文化意识的重要素材。

二、文化意识培养视域下的高中英语文学名著阅读实践

文化意识，这一抽象概念虽然难以直接测评，但其在语言应用和人际交往等方面的体现却是显而易见的。培养文化意识的途径众多，其中，阅读被证明是一种高效的方法。

1. 阅读材料选择

考虑到实践所在城市为地处山区的地级市，经济发展水平相对较低，英语学习氛围不够浓厚，我们并未直接选用英语原著作为阅读材料。相反，我们选择了"书虫·牛津英汉双语读物"这一系列分级读物作为主要阅读内容。

"书虫·牛津英汉双语读物"由外语教学与研究出版社与牛津大学出版社联合推出，收录的均为世界文学名著，经由英国资深语言专家改编，语言地道且生动。其分级编排的设计，能够很好地满足不同英语水平的学生的阅读需求。

该系列读物在词汇选择上非常考究，常用词汇的高复现率使得词汇量有限的学生也能轻松阅读。总体而言，"书虫·牛津英汉双语读物"以其经典的选材、地道的语言、适中的篇幅以及引人入胜的故事情节，非常适合初、高中学生阅读。通过阅读，学生不仅能够沉浸在世界文化的经典之中，提升文学素养和人生感悟，还能有效提高英语阅读能力，进而培养全面的英语学科核心素养。

在实践过程中，我们选择了高一年级的两个普通班作为实验对象，主要引导学生阅读"书虫·牛津英汉双语读物"的第3级读物。该级别读物分为上、下两册，共计21本，为学生提供了丰富的阅读资源。

"书虫·牛津英汉双语读物"第3级读物目录

级别	阅读对象	序号	书名（英）	书名（中）
3级（上）	高一学生	1	*Frankenstein*	《弗兰肯斯坦》
		2	*The Call of the Wild*	《野性的呼唤》
		3	*The Secret Garden*	《秘密花园》
		4	*The Prisoner of Zenda*	《曾达的囚徒》
		5	*Through the Looking-Glass and What Alice Found There*	《爱丽丝镜中奇遇记》
		6	*The Wind in the Willows*	《风语河岸柳》
		7	*Tales of Mystery and Imagination*	《神秘及幻想故事集》
		8	*The Railway Children*	《铁路少年》
		9	*The Three Strangers and Other Stories*	《三个陌生人》
		10	*Ethan Frome*	《伊桑·弗罗姆》
3级（下）	高一学生	1	*A Christmas Carol*	《圣诞欢歌》
		2	*The Picture of Dorian Gray*	《多里安·格雷的画像》
		3	*The Bronte Story*	《勃朗特一家的故事》
		4	*Tooth and Claw*	《牙齿和爪子》
		5	*The Star Zoo*	《星际动物园》
		6	*Kidnapped*	《诱拐》
		7	*Justice*	《公正》
		8	*Chemical Secret*	《化学秘密》
		9	*Skyjack!*	《劫机！》
		10	*The Card*	《小镇传奇》
		11	*The Mysterious Death of Charles Bravo*	《查尔斯·布拉沃的死亡之谜》

"书虫·牛津英汉双语读物"第3级读物的词汇量适中，让学生能够流畅地阅读故事，避免了因生词过多而影响阅读兴趣的情况。从上表中可以看出，

这一级别的读物涵盖了广泛的话题和多样的题材。其中，既有富有想象力的奇幻小说，如《爱丽丝镜中奇遇记》和《星际动物园》，也有纪实性的作品，如《勃朗特一家的故事》。这些丰富多彩的读物不仅拓展了学生的文化视野，让他们领略到异国文化的风采，还引发了学生对深层次问题的思考。

例如，《化学秘密》一书中探讨了犯罪的不同形式，包括有意识和无意识的犯罪，进而引发了对犯罪定义的思考——是应依据法律规定来判断，还是应依据我们的内心感受？书中还揭示了多种罪恶，包括明显的贪婪、施暴、凶狠和仇恨，以及不太明显的破坏自然环境的罪恶。这些内容促使学生反思自己的行为是否正在破坏我们的世界，从而培养他们的英语学科核心素养，并有助于他们树立"人类命运共同体"的意识，学会如何做人做事，成长为具有文明素养和社会责任感的人。

2. 阅读方法与实施过程

在阅读方案的设计上，我们充分调查和征询了学生的意见。阅读任务被分为个人阅读和小组共读两部分。我们要求学生每个月至少完成2本个人阅读，每学期至少完成8本；在阅读过程中，学生需要填写个人阅读笔记（详见下表）。这份阅读笔记包括姓名、班级、书名、作者、页码等基本信息，以及学生印象深刻的词汇和体现文化的表达（涉及历史、风俗、人情、生活习惯、礼仪、法律等方面），并要求学生撰写读后感。这样的设计旨在确保学生能够在阅读过程中积极思考、总结所学，并加深对阅读材料的理解。

个人阅读笔记

Notes While Reading
Name: Class:
Name of the book:
Author:
Pages:
Impressive expressions:
Cultural expressions:
Feelings After Reading:

　　填写个人阅读笔记对学生有多重益处。它不仅能监督学生持续进行阅读，深入感受英语文化，从而有效拓宽知识视野，还能促使学生在阅读材料中发掘并摘录精彩的词句，进行语言知识的积累。这种知识的积累对于提升学生的英语学习自信心至关重要。

　　除了鼓励个人阅读，我们还引入了小组共读的模式。教师将班级成员划分为数个六人小组，并推选组长负责协调。每个小组自主选择阅读材料，并在设定的时间内完成阅读任务。随后，小组成员会向组长汇报阅读进度，填写阅读进度表（详见下表），以便组长全面掌握小组成员的阅读状况。当小组全体成员完成阅读后，会进行内部的阅读分享，讨论阅读心得。此外，在条件允许的情况下，我们还会选择性地开展班级层面的分享活动，即"悦读会"。

小组阅读进度表

LITERARY WORKS READING PUNCH-IN CHART Book: Group: Group leader:						
Chapters	Members （fill in the date when you finish the chapter）					
Chapter 1						
Chapter 2						
Chapter 3						
Chapter 4						
Chapter 5						
Chapter 6						
Chapter 7						
Chapter 8						
Chapter 9						
Chapter 10						

"悦读会"为学生提供了一个展示和交流的平台，其活动形式包括手抄报展示、情景表演和读后演讲。在"悦读会"上，学生可以通过手抄报展示所读书目的精彩内容，也可以进行读后分享报告，或者对读物中的某个情节进行生动的表演。此外，学生还可以分享自己的摘抄笔记，以及对书中人物思想和情感的理解和看法。教师则会对学生的分享给予鼓励性的评价，进一步激发他们的阅读兴趣和自信心。

在整个阅读过程中，大部分学生都能积极响应教师的指导和要求，努力抽出时间进行课外阅读，并认真填写个人阅读笔记和小组阅读进度表。作为指导者和监督者，教师会定期检查学生的笔记和进度表，发现学生们都能用心记录自己认为最精彩、印象最深刻的词汇和语言表达，并在早读课上进行朗读或背诵。这种持续的监督和鼓励使得英语文学名著阅读活动得以有序进行。值得一提的是，我们还成功开展了多次手抄报展示活动、情景表演活动和读后演讲活动。

（1）手抄报展示活动

每个小组都精心设计了一份介绍所读书目的手抄报，内容包括书目名称、作者简介、好词好句、体现文化因素的片段以及读后感。由于小组成员都阅读了同一本读物，对内容非常熟悉，因此他们在制作手抄报时能够有条不紊地进行。学生们充分发挥创意和想象力，团结协作，最终呈现出了令人满意的成果。手抄报展示活动的可操作性强，学生在准备过程中不需要花费太多时间，因此该活动深受学生喜爱，开展次数也相对较多。

（2）情景表演活动

该活动以深入展现英语文化为核心目标，要求每个小组的所有成员都积极参与其中。在表演过程中，学生们需要生动呈现书中角色的日常生活习惯、经典对话片段、情节中的矛盾冲突以及文化背景中的独特习俗。为了确保表演的顺利进行，各小组在组长的带领下精心挑选故事情节、创作剧本、准备必要的道具并进行多次排练。教师在整个过程中提供关键的指导，强调表演内容必须忠实于原著，同时鼓励学生们通过细腻的语言表达、神态模仿和动作设计来更加立体地刻画角色。

举例来说，某个小组选择了《勃朗特一家的故事》中夏洛特书籍出版后被父亲知晓的情节进行表演。除了精彩演绎主要角色外，他们还特意在旁白中阐明了当时女性作家所面临的严峻社会现实：女性地位低下，作品难以得到社会认可，因此夏洛特不得不使用男性笔名来发表作品。这段旁白深深触动了在场的学生，引发了他们对历史中性别不平等问题的深刻反思。在紧张的高中学习生活中，这样的表演活动不仅激发了学生的参与热情，还为他们提供了展示自我和发挥创造力的宝贵机会。为了彰显对活动的重视并肯定学生的付出，学校特邀本年级全体英语教师观看并点评，此次情景表演活动取得了空前的成功。

（3）读后演讲活动

在读后演讲活动中，每个小组都会选定一个他们想要深入分享的故事主题，并推选一位代表进行限时的英语演讲。为了辅助演讲的展开，学生们需要准备一份思维导图，该思维导图可以围绕故事的主要情节、人物关系网、事件发展进程等多个维度进行设计。这项活动要求学生不仅要用英语流利表达，还要对故事内容进行深层次的思考和分析。

演讲的内容并非简单的故事复述，而是需要学生对故事中的人物关系进行深入剖析，对情节中的矛盾冲突提出自己的见解，对角色性格进行独到解读，或者对故事所蕴含的文化元素进行阐释。例如，有位学生在分享《星际动物园》的阅读感受时，从人类对地球的影响切入，引发了对环境保护和地球未来的深刻思考，呼吁大家珍惜地球资源，承担起保护地球的责任。通过这样的读后演讲活动，学生们的文化意识得到了显著提升，同时锻炼了他们的批判性思维和公众演讲能力。

三、阅读实践效果与深入讨论

首先，从本次阅读实践的开展情况来看，这种有组织、任务明确的阅读活动展现出了显著的效果。起初，学生或许是在半逼迫的状态下参与活动，但随着时间的推移，他们逐渐从这种阅读模式中找到了乐趣，进而转变为自觉、主动的阅读者。这一转变无疑证明了阅读方案的有效性和成功。更为重要的是，学生在此过程中养成了良好的阅读习惯，这种习惯将成为他们未来学习能力提升的重要基石。

其次，关于阅读材料的选择，"书虫·牛津英汉双语读物"系列展现出了其独特的优势。该系列读物的词汇难度设计得十分科学，逐级递增，既保证了学生阅读的连贯性，又给予了他们适当的挑战。同时，读物中对生僻词汇的巧妙替换和关键词汇的重复出现，使得学生在阅读过程中能够自然而然地积累词汇和表达方式，从而显著提升了他们的词汇水平。

再次，随着词汇量的不断增加，学生开始建立起阅读英文书籍的信心。虽然"书虫·牛津英汉双语读物"提供了英汉对照的便利，但我们鼓励学生尽量通过语境来猜测词义，以此锻炼他们的语言感知能力。当遇到难以猜测的词汇时，再查阅词典作为辅助。这样的阅读过程不仅培养了学生的英语阅读兴趣，还为他们后续阅读英文原版书籍打下了坚实的基础。在已经熟悉故事背景的情况下，学生阅读英文原版书籍的难度会大大降低，同时他们也能更深入地了解英语国家的文化，从而提升自身的文化意识。

最后，值得一提的是，学生在阅读过程中展现出了对故事背景的浓厚兴趣。针对这一特点，教师在日常教学中巧妙地融入了英国的历史、地理、风俗、礼仪等相关知识，引导学生进行中英文化的对比学习。这种跨文化的学习方式不仅拓宽了学生的知识视野，还进一步提升了他们的文化敏感度和跨文化交际能力。

四、结语

文化意识视角下的经典英语文学在高中英语教学中的运用，不仅是语言技能的提升，更是对学生人文素养和文化认知的深化。通过引入经典英语文学作品，我们为学生打开了一扇通往世界文化的窗户，使他们能够在阅读的过程中，感受不同文化背景下的价值观、思维方式和情感体验。

在教学过程中，我们强调文化意识的培养，鼓励学生通过对比分析，发现中外文化的异同，从而增强他们的跨文化交际能力。这种能力的培养不仅有助于学生更好地理解和运用英语，还能拓宽他们的全球视野，进而提升他们的国际竞争力。

实践证明，经典英语文学与文化意识培养的结合，能够有效地激发学生的学习兴趣，提高他们的学习主动性和创造性。学生在阅读经典英语文学作品的过程中，不仅能够提升语言技能，还能在潜移默化中接受人文精神的熏陶，形成健全的人格和良好的品质。

综上所述，文化意识视角下的经典英语文学在高中英语教学中的运用，具有深远的意义和影响。我们应该进一步加强这方面的研究和实践，不断探索更有效的教学方法和手段，为学生的全面发展和终身学习奠定坚实的基础。

第二节 英语报刊与文化意识的培养

随着全球化的深入，英语报刊作为信息传播的重要媒介，其对于培养读者的文化意识具有不可忽视的作用。通过阅读英语报刊，读者不仅能够提升语言技能，更能够深入了解不同国家和地区的文化背景、社会动态和价值观念。本文旨在探讨英语报刊如何有效促进读者文化意识的培养，分析其在跨文化交流中的重要性，并为英语教学实践提供有益的参考。通过本研究，我们期望能够进一步明确英语报刊在培养全球化时代公民文化意识方面的独特价值和作用。

英语报刊作为高中英语教学不可或缺的课程资源，不仅为学生提供了获取丰富语言知识的途径，更是他们拓宽视野、领略多元文化魅力的有效渠道。这种教学资源以其信息量庞大、内容时效性强以及语言表达生动的特点，深受师生喜爱。学生在轻松愉悦的阅读氛围中，不仅能够积累大量的语言知识，还能深入了解各种文化现象，从而激发他们的学习兴趣，培养良好的阅读习惯。

为了更好地探究英语报刊在培养学生文化意识方面的作用，笔者选取了《时代英语报》这一具有代表性的报刊作为研究对象。通过精心挑选其中的几篇文章，笔者将深入分析如何通过报刊阅读逐步培养学生的文化敏感度和跨文化交际能力，进而提升他们的核心素养。

一、提供背景知识，深挖文化元素

每一篇文章都蕴含着特定的社会文化背景，为学生提供相应的背景知识，能够让他们在阅读前对文章所涉及的文化背景有一个初步的了解。这不仅有助于激发学生的阅读兴趣，还能为他们后续深入理解文章内容打下坚实的基础。

在报刊阅读课的设计过程中，教师可以通过网络等渠道收集与阅读材料相关的视频、图片和文字资料，并在课前或导入环节进行展示，从而引导学生更好地进入阅读状态。

《时代英语报》的内容丰富多样，时效性强，其中不乏与社会热点紧密相关的文章。例如，在2019—2020年第27期中，就刊载了一篇名为 *Li Ziqi shows you the beautiful traditions* 的文章，通过介绍知名网络美食博主李子柒的故事，向读者展示了中国传统文化的魅力。在阅读这篇文章之前，教师可以通过文字、图片和视频等多种形式向学生介绍李子柒的背景和事迹，从而激发学生对文章内容的兴趣。

众所周知，语言是文化的载体，二者相互依存、相互促进。在语言学习过程中，挖掘文化元素、学习文化知识对于提升学生的语言能力和培养文化意识具有重要意义。在报刊阅读过程中，教师需要深入引导学生挖掘文章中的文化元素，帮助他们更好地理解文化内涵。*Li Ziqi shows you the beautiful traditions* 这篇文章中就呈现了许多具有代表性的中国传统文化元素，如竹篮、中国剪纸和染色羊毛斗篷等。这些手工艺品及其制作工艺体现了中国劳动人民的智慧和民俗文化的魅力。在分析材料的过程中，教师可以播放相关工艺品的视频和图片，让学生更加直观地了解这些传统工艺品的制作过程和英文表达，从而增强他们对传统文化的认识和兴趣。

此外，在跨文化交际日益频繁的今天，学习西方文化元素也显得尤为重要。通过了解国外的风土人情和语言知识，学生可以从不同文化的碰撞中汲取灵感和营养。《时代英语报》就曾刊发过一篇介绍英国威斯敏斯特教堂的文章。这座历史悠久的哥特式建筑安葬了众多英国历史上的知名人物，是英国文化的重要象征。在解读这篇文章时，教师需要引导学生关注其中的文化元素，如教堂的建筑风格、历史地位以及与之相关的文化背景等。通过对这些文化元素的深入了解，学生可以拓宽自己的视野，增进对西方文化的认识和理解。

总之，英语报刊作为高中英语教学的重要课程资源，在培养学生文化意识和提升核心素养方面发挥着不可替代的作用。通过精选阅读材料、提供背景材料以及深入挖掘文化元素等方式，教师可以有效地利用英语报刊这一宝贵的教学资源，为学生的全面发展打下坚实的基础。

二、创设文化情境，体验文化差异

身处于特定的文化环境中，人们的行为方式和观念深受其影响，这就是所谓的文化情境。在教育教学中，教师可以通过精心创设各种文化情境，让学生沉浸其中，感受文化氛围，吸收文化知识，并逐步塑造和完善自己的文化观念。这种方式不仅能够帮助学生更加直观地理解文化差异，还能够增强他们对多元文化的包容性，从而培养全面的文化意识。

例如，在阅读《时代英语报》2019—2020年第41期"主题探究"板块的材料*Funny comics reveal cultural differences*时，教师可以通过创设生动的文化情境，帮助学生更好地理解文章内容。这篇文章通过一位北京女孩的漫画"小眼睛"，以趣味横生的方式展现了中外文化的差异。她不仅分享了中国人的日常生活习惯，还对比了在相同场合下外国人的行为方式。比如，法国人在用餐时会使用多达八种不同的刀叉，而中国人则只需要一双筷子就能轻松应对各种食物。此外，文章还通过漫画的形式描绘了不同国家民众表达爱意的方式的差异，如美国人会直截了当地告诉家人"我爱你"，而中国人则更倾向于通过实际行动来表达对家人的关爱。

为了让学生更加深入地感受这些文化差异，教师可以组织学生进行角色扮演活动，让他们分别扮演中国人和西方人，模拟日常生活中的各种场景，如用餐、表达爱意等。通过亲身演绎和对比，学生能够更加直观地感受到不同文化背景下人们的生活方式和行为习惯的差异，从而增强他们对文化差异的理解和认同。

通过这种方式的教学，学生不仅能够在潜移默化中提升自己的文化意识，还能够学会以更加开放和包容的心态面对多元文化的世界。

三、深入剖析报刊素材，着力培育学生的国际视野

在英语报刊阅读教学中，教师不仅要传授语言知识，更要肩负起培养学生国际视野的重任。通过分析文章结构，引导学生抓住重点，逐步培养他们辩

证思考的能力，并让他们学会接纳和欣赏多元文化。《时代英语报》的"文化博览"栏目就是这样一个宝贵的资源，它为学生打开了一扇了解西方文化的窗户，也为培养他们的国际视野提供了丰富的素材。

以2019—2020年第38期为例，本期报纸深入介绍了美国黑人女作家托尼·莫里森。在阅读这篇人物素材时，教师首先要指导学生从人物的基本情况、经历、作品和成就等几个方面进行预测和探讨。通过逐步分析文章结构，学生可以了解到莫里森的国籍、出生地以及她的创作背景和写作特点。例如，她主编的《黑人之书》被誉为"美国黑人史的百科全书"，而她的作品如《最蓝的眼睛》《所罗门之歌》和《宠儿》等，则以情感炽热、文字简短而富有诗意为特色。

在了解莫里森的文学成就时，教师可以为学生补充关于普利策文学奖和诺贝尔文学奖的相关知识，进一步拓宽他们的视野。同时，教师还可以从"莫里森是第一位获得诺贝尔文学奖的黑人女作家"这一事实出发，引出美国社会中的种族歧视问题，引导学生从不同的视角思考问题，培养他们的国际视野和跨文化理解能力。

此外，《时代英语报》2019—2020年第30期的"文化博览"栏目还为学生介绍了世界著名的纽约大都会艺术博物馆。通过阅读这篇材料，学生可以了解到该博物馆的地位、历史以及丰富的藏品。在带领学生学习这篇材料时，教师可以结合多媒体资源，为学生播放一些视频，展示该博物馆的知名藏品，如镇馆之宝德加的《舞蹈教室》，以及凡·高、毕加索、莫奈等艺术大师的作品。这样不仅可以激发学生的学习兴趣，还能让他们更加直观地感受到艺术的魅力。

同时，教师还可以补充介绍世界其他三大知名博物馆——法国卢浮宫、英国大英博物馆、俄罗斯艾尔米塔什博物馆的资料，进一步丰富学生的知识储备。值得一提的是，纽约大都会艺术博物馆中还藏有许多中国的文物，教师可以利用这一机会，引导学生了解那段屈辱的历史，培养他们的爱国意识和情怀。

四、深化语言与文化的融合，重视报刊进入课堂

语言和文化是相辅相成的，它们之间有着不可分割的联系。在英语教学

中，教师不仅要注重传授基本语言知识，更要采取合适的教学策略培养学生的文化意识。英语报刊作为一种辅助资源，以其时效性、真实性和丰富性等特点，为英语阅读教学提供了宝贵的补充和延伸。

在教学过程中，教师应有效利用英语报刊，设计形式多样的课堂活动，提升学生的阅读积极性。通过提供形式多样的背景知识、充分挖掘材料中的文化元素以及创设生动的文化情境等手段，教师可以帮助学生逐步感受文化差异并培养他们的国际视野。

作为教师，我们应不断进行反思和总结实践经验，并将研究成果在全校范围内推广使用，以发挥这些教学策略的最大效应并取得最佳效果。这不仅是报刊阅读研究的最终价值所在，也是我们作为教育工作者肩负的重要使命。

第三节　现代信息技术与文化意识的培养

随着现代信息技术的迅猛发展，人们的生活方式和思维模式正经历着深刻变革。信息技术不仅改变了我们的交流方式，更为文化意识的传播与培养提供了新的路径。本文旨在探讨现代信息技术如何有效促进个体与群体文化意识的培养，分析其在跨文化交流、文化传承与创新等方面的重要作用，以期为相关领域的研究与实践提供新的视角与思路。

一、研究背景

随着"互联网+教育"的兴起，高中英语课堂教学正历经深刻变革，信息技术对教学方法、课堂评价等多个维度产生了显著影响。根据《英语课标（2020年）》的指引，我们应当充分重视并应用现代信息技术，以丰富英语课程的学习资源。信息技术的引入，不仅为课堂教学提供了海量的教学资源，还极大地便利了知识的输入。

英语课程标准明确将文化意识列为英语学科核心素养的重要组成部分，与语言能力、学习能力和思维品质并列。然而，当前高中英语教学中，虽普遍重视语言能力的培养，却在一定程度上忽视了文化意识的建立与提升。诸如教学模态的单一性、文化兴趣的激发不足、本国文化传播的忽视等问题屡见不鲜。鉴于高中学生好奇心旺盛、接受新事物能力强等特点，他们更易受外来文化影响，可能盲目崇外而忽视本国文化，这对其正确价值观的树立构成潜在威胁。因此，在高中英语课堂中加强文化意识教育显得至关重要。信息技术的广泛应用为英语文化教学注入了新的活力，不仅提升了教学效果，还开辟了全新的实践路径。

二、信息技术在文化意识培养中的显著优势

1. 提升文化意识学习的兴趣与动力

为了有效培养学生的文化意识，提供与学生认知水平相匹配且能激发其兴趣的教学材料至关重要。信息技术的巧妙融入，为高中英语文化教学注入了新的活力，极大地丰富了教学资源并革新了传统的教学方式。借助信息技术，我们能够营造出一个民主、平等、轻松的学习环境，鼓励学生自由发表观点，从而打破以往教师主导、以语言知识灌输为主的课堂模式。通过启发式的教学方法，我们充分尊重学生的主体地位，引导他们深入探索中外文化的差异，并设计出富有吸引力的文化教学活动。这些活动不仅凸显了中华优秀传统文化的魅力，还巧妙地渗透了文化意识，使英语教学中的中国元素得以突出，进而增强了高中英语文化教学的直观性和趣味性。

2. 跨越文化教学的时空界限

信息技术正日益成为教育领域的重要推动力，它极大地拓宽了课堂对话与交流的边界。传统的课堂教学往往以师生问答为主，学生的大部分时间都消耗在记录和背诵语言知识上，实践机会相对匮乏。然而，随着信息技术在英语课堂中的广泛应用，这一现象得到了显著改善。课堂对话形式变得更为多样和活跃，学生真正成了课堂的主角，交流频次大幅提升，且更加面向全体学生。人机对话技术的不断进步，更是打破了师生对话的局限性，使得教学交流更加广泛和深入。更重要的是，信息技术让英语文化教学不再局限于课堂之内，而是延伸到了课外，为学生提供了更为丰富的学习资源和实践机会。此外，教师还可以通过大数据平台或网络调查问卷，更全面地了解学生的个体学情，为实施更精准的文化教学提供有力支持。

3. 多样化文化教学手段

从教学实践的角度看，信息技术为教学形态的多样化提供了有力支持。首先，信息技术与英语学科的深度融合，使得信息技术成为教学设计、课堂教学实施以及课堂教学评价等多个环节的重要组成部分。作为教师，我们可以充分利用这一优势，在课堂中开展各种形式的交流活动，促进学生的积极参与和

主动学习。其次，基于网络的混合式教学模式为英语教学中的文化意识培养开辟了新的途径。这种教学模式不仅打破了课堂的时空限制，还支持学生多次复习和巩固所学知识，从而最大化学习效果。再次，信息技术和网络平台的便捷性，使得教师能够及时接触到国外的先进教学理念和教学方法，通过参加网络教研培训，不断提升自身的专业素养和教学能力。最后，信息技术还鼓励教师积极参与高中英语课程网络资源的建设，通过分享个人的教学实践经验和心得，为高中英语文化教学贡献自己的力量。

三、利用信息技术推动高中英语文化意识教学的实践路径

1. 精选教学内容

以人教版高中英语必修第一册Unit 3中的Reading and Thinking部分的Living Legends为例，该模块聚焦中美两国的体育传奇人物，为学生提供了一个富有启发性的主题语境。课文内容适中，共272词，介绍了家喻户晓的体育巨星郎平和乔丹，从他们的身份、挑战到成就进行了全面阐述。文中不仅展现了中国体育精神的深厚底蕴和文化自信，还呈现了中外体育文化的差异，这样的内容设置极有利于培养和提升学生的文化意识。

2. 深入分析教学对象

本次教学实践的对象为江西省Y县重点高中的高一年级学生。这些学生在初中阶段已经积累了一定的英语文化知识，而高中阶段是他们价值观形成和品质塑造的关键时期。因此，在高中英语课堂中强调文化意识的培养，不仅是对学生全面发展需求的响应，更是对社会主义核心价值观的具体实践和落实。

3. 创新教学设计思路

以英语学习活动观为指导，结合信息化的教学手段，我们设计了这篇语篇的阅读教学活动。教学设计紧紧围绕文化目标，遵循学生的认知发展规律，由易到难、由浅入深地层层推进。首先，利用信息技术引入主题，激发学生的兴趣和好奇心；其次，设计基于信息技术的略读活动，培养学生快速查找和获取文化信息的能力；最后，通过精读训练，引导学生深入挖掘语篇的文化内涵，塑造其独特的文化品格。在整个教学过程中，信息技术的融入不仅有效地提升了

学生的学习兴趣，还充分发挥了教师在课堂中的主导作用，帮助学生成为中国故事的传播者，进而培养他们的文化意识和英语学科核心素养。教学过程涵盖了阅读前的文化知识图式激活、阅读中的文化认知形成以及阅读后的文化异同理解。

4. 信息技术在文化意识培养教学实践中的应用

（1）激发学生既有知识，增强文化体验

课堂是培养学生文化意识的主要场所，而有效的课堂导入能够激发学生的学习兴趣和热情。教师需要巧妙地运用信息技术，如播放与课堂主题相关的《夺冠》预告片，并提出问题："这部电影中的哪个角色是以现实生活中的人物为原型的？"通过这样的问题导入，教师可以依托学生的既有经验和知识，激活他们的文化知识图式。同时，根据学生的兴趣、特征和认知习惯，选择适合的导入方式，如利用微视频等信息技术手段，创设新颖且富有动感的文化意识培养情境。这不仅能确保文化教学的有效性，节省课堂时间，还能显著增强教学效果，提升学生的文化体验，吸引他们的注意力。

（2）注重阅读活动过程，塑造学生文化品格

在阅读教学过程中，教师应充分利用信息技术与英语文化教学的深度融合。首先，教师可以借助交互一体机呈现教学任务，通过播放Flash课件布置任务，让学生分小组合作探究Living Legends的基本定义，同时引导他们关注引领段落，形成对文化主题的基本认识。其次，教师可以通过引导学生略读语篇并查找关键词，输入文本的文化信息，让他们初步了解文化内容的重点。接着，教师可以提出活动任务，引导学生搜索文化信息，帮助他们树立解读文本的意识，并关注语言文本所表达的文化意义。理解语篇的主要内容和观点有助于学生捕捉文化信息，提升自主学习能力，并强化文化意识的培养。最后，教师可以播放多媒体课件并抛出开放性问题，引导学生欣赏作者描述体育传奇人物的语言特点。学生可以自主阅读并凝练出文中体育人物的品质，学习相关单词和短语，从深层次理解语篇内容并把握文章细节。通过深度解读文本，学生可以深化对文本传递的文化内涵的认识，同时为文化意识的输出奠定基础。

（3）聚焦文化意识传达，夯实学生文化自信

采用小组合作模式，设定讨论任务："我们能从成功的运动员身上学到什

么？"此举旨在培养学生的团队协作精神。通过为基础较弱的学生提供语言支持，确保他们也能积极参与讨论，同时培养学生口语交流、倾听他人和相互尊重的意识。重视文化意识的输出，确保所有学生都能参与其中。

提出第二个讨论任务："众所周知，在2021年东京奥运会上，由郎平率领的中国女排未能夺得金牌，你们认为她还是活着的传奇吗？为什么？"通过这一问题，激发学生的创造性和批判思维，引导他们基于时事对传奇人物进行深入思考，形成各自对传奇的独特理解。

教师可以利用信息技术记录学生的讨论过程，并改进评价方式。例如，将讨论的微视频上传至网络平台，作为高中英语文化教学的有益参考。此外，通过引导学生讨论"你从这堂课中学到了什么？"倾听学生的心声，关注学生的语言学习效果，进一步升华文化主题，激发学生的民族自豪感和自信心。同时，鼓励学生自主表达学习收获和疑问，为下一节课的学情调研提供素材。

作业布置应注重多样性，让学生根据自己的情况选择作业形式。例如，可以将自己录制的微视频提交至班级群或上传至网络资源平台，既与同伴分享交流，又展现新时代中学生的精神风貌，传递正能量。语言学习只有通过不断的实践才能实现目标，体现对语篇学习的迁移和运用。引导学生利用所学知识介绍中国体育传奇人物，有助于他们更清晰、更全面地了解中国文化，同时提升向世界传播中国体育精神的语言能力，彰显文化自信。

四、结语

语篇是英语教学的基础资源。在教学设计前，教师应深入研读语篇，挖掘其内涵，分析文本语言特色，提炼文化价值。在课堂中渗透中华优秀传统文化，帮助学生树立文化自信。信息技术的互动性也为学生提供了更多参与和体验的机会，使他们在实践中不断强化文化意识。同时，我们也应认识到，信息技术仅是一种工具，真正的文化意识培养仍需依赖于教师的引导和学生的自主学习。未来，我们将继续探索信息技术与文化教育的深度融合，努力培养出具有国际视野和跨文化交流能力的优秀人才，为推动文化多样性和人类文明进步贡献力量。

第四节　英语社团与文化意识的培养

随着2017年教育部颁布的《普通高中英语课程标准》将文化意识明确列为英语学科核心素养的重要组成部分，跨文化教学的重要性日益凸显。这一变化不仅反映了全球化时代对跨文化交际能力的迫切需求，也对高中英语教学提出了新的挑战和要求。为了顺应这一趋势，高中英语教学必须不断拓展文化知识的广度和深度，加强跨文化教学的实践。从这个角度来看，外语教学本质上就是跨文化的教学。

在英语跨文化教学的实践中，英语社团扮演着举足轻重的角色。作为课堂教学的有益延伸，英语社团为学生提供了一个锻炼和提升英语语言技能、增强学习能力的宝贵平台。更为重要的是，它还是跨文化教学的有效媒介，能够显著提高学生的文化敏感性和思维品质。本文以中山市第一中学英语社团的活动为例，深入探索在跨文化视域下如何有效开展英语社团活动，以期为民族地区的高中英语跨文化教学和英语社团组织提供有益的参考和建议。

一、英语跨文化教学与社团活动之间的紧密联系

在英语跨文化教学的框架下，教师不仅要着重培养学生的语言知识和技能，更要引导他们深入了解英语所承载的文化内涵，从而提升其文化敏锐度。为实现这一目标，教师应敏锐捕捉语言教学中的文化元素，并以富有吸引力的方式呈现给学生。这样的教学方法既能激发学生的学习兴趣，丰富他们的知识储备，又能有效提高他们的文化敏感性和培养恰当的跨文化态度。为此，教师可以通过设计和组织多样化的活动，如角色扮演、小组合作交流等，来锻炼学

生的语言实际应用能力和交际技巧，进而促进他们跨文化交际能力的形成。

英语社团活动强调英语知识与实际生活情境的紧密结合，使得语言学习更加直观、立体，有助于培养学生的英语思维能力，并让他们深刻感受到语言与文化的紧密联系。从本质上说，社团活动为学生提供了一个真实的语言实践环境。通过积极参与社团活动，学生不仅能够形成对英语语言的高层次认知，从而提升其思维水平，还能在潜移默化中接受英语文化的熏陶，置身于真实的英语文化语境中，获得鲜明而深刻的文化体验。因此，英语社团活动使得英语学习不再局限于单纯的语言层面，而是有利于学生形成以英语思维为主导的、具有深厚文化内涵和价值的文化意识。

二、中山市第一中学英语社团活动组织实例分析

1. 英文电影欣赏活动

在选择英文电影作为欣赏素材时，教师应充分考虑学生的认知水平和学习需求，确保电影的主题、内容、情节与学生的学习要求相契合，同时传递积极乐观的价值观，为学生的成长提供教育意义。此外，电影的词汇难度和人物的语速也应与学生的英语水平相匹配，并尽可能与教材内容有所关联，以作为课堂教学的有益补充。在电影类型方面，经典名著改编影片、励志片以及动画片都是理想的选择。下面以影片《疯狂动物城》为例，教师可以设计以下活动环节。

（1）深入观影，领悟主题与内核

《疯狂动物城》以兔子朱迪的警察梦想为故事核心，展现了她历经艰辛训练和选拔，最终成功跻身动物城警察局的历程。然而，这并非终点，而是新挑战的开始。朱迪在调查一宗失踪案时，揭露了隐藏在背后的庞大阴谋。她并未因此退缩，反而凭借过人的智慧和勇气，在狐狸尼克的协助下，揭露了真相，同时实现了自我成长并收获了深厚的友情。

（2）揣摩角色语言，体验台词之韵

《疯狂动物城》中的台词设计精巧，给人留下深刻印象。学生应通过模仿角色的对话，尽可能地融入情境，深刻感受不同文化背景下的语言韵味。这样

的实践不仅能提升学生的听说能力，还能增强他们对文化差异的敏感性。考虑到原版对话语速较快，部分词汇难度较大，教师可以挑选一些关键片段，如朱迪与尼克初次相遇时的争执，供学生进行模仿练习。

（3）演绎影片精华，洞悉人物特性

观影结束后，教师应鼓励学生以小组为单位，挑选出他们最喜爱的片段，并分配角色进行表演。学生需熟记台词，并努力模仿影片中的发音和语调。在小组内初步排练后，教师可提供指导，随后组织小组间的比赛。可以邀请其他学科的教师担任评委，对表演进行打分和点评。这样的活动形式不仅能展示学生的英语口语和表演才能，还能进一步加深他们对文化的理解和认同。

（4）反思影片内涵，抒发个人感悟

观影结束后，教师应要求学生撰写观影报告，分享他们的感受和体会。学生可以回顾影片内容，探讨其主题思想，并表达自己的想法和感受。这一环节可以分小组进行陈述，也可以单独写成作文。这样的活动不仅能锻炼学生的写作能力和批判性思维，还能促进他们文化意识和思维品质的全面提升。

再以影片《当幸福来敲门》为例，这部影片源于一个真实的故事，生动展现了一位身处家庭和事业双重困境的业务员如何以积极的心态迎接挑战，肩负起家庭的责任，并通过不懈努力晋升为股市交易员，最终蜕变为知名投资家的励志历程。在组织学生观影的过程中，笔者注重激发学生的情感体验，引导他们设身处地地思考："倘若我身处主人公的境遇，我将如何抉择？"通过这样的问题探讨，旨在培育学生在遭遇逆境和挫折时能够保持坚韧不拔、勇往直前的人生态度。

2. 英文歌曲学习与演唱活动

通过欣赏和学习英文歌曲，学生能够在悦耳的旋律中锻炼英语听力，积累词汇，掌握句法结构，提升发音准确性和语感。同时，这一过程还能让学生全方位地感受英语文化，提高审美水平，以及增强学科核心素养。英文歌曲的欣赏与学习既可以与电影欣赏活动相结合，也可以作为独立的活动安排。

以Michael Jackson创作并演唱的"Heal the World"为例，这首歌在20世纪90年代风靡全球，被誉为"世界上最动听的歌曲"之一。下面简要介绍如何在社团活动中设计英文歌曲的欣赏与学习环节。

（1）介绍歌曲背景，引出歌曲主题

在20世纪90年代初，Michael Jackson为了倡导全球儿童权益，成立了一个"儿童基金会"，"Heal the World"便是他为这个基金会专门创作的歌曲。这首歌不仅呼唤世界和平，还是关于儿童、地球和爱心的优秀作品。它倡导人们珍惜和保护环境，停止战争，彼此关爱。

（2）欣赏歌曲，理解歌词大意，感受歌曲内涵

在这一环节中，我们让学生在情感和认知两方面做好准备。通过播放音乐，调动学生的情绪，引导他们关注歌曲的主题和深层含义。在听歌前，我们会提出几个问题，要求学生在听歌过程中寻找答案，以此激发他们的思考，并帮助他们从整体上把握歌曲内容。歌曲播放结束后，学生根据所听信息回答问题，并就此展开相关讨论。

（3）掌握歌词大意，深化主题理解

通过第二轮的欣赏，学生将能够跟上歌曲的基本旋律和节奏。同时，通过对照歌词，他们将能够掌握歌曲的主要内容。此外，我们还会播放歌曲的MV，并由教师进一步介绍Michael Jackson的音乐成就以及他为推动人道主义和世界和平所做的贡献。优美的旋律和诗意般的歌词将使学生更深刻地理解歌曲所传达的人文关怀和呼吁。

（4）学唱歌曲，强化语言能力

在学习演唱歌曲的过程中，学生将模仿原唱的发音，而教师则会适时地讲解歌词中出现的语音知识，如弱读、连读、爆破等。同时，教师还会对歌词中的难点词汇和语法知识进行讲解。为了强化学生的语言能力，我们会采用多种练习方法，如歌词填空、总结句型规律以及打乱句子并重新排序等。例如，我们要求学生将歌词中的几个句子按照正确的顺序排列组合，以此来锻炼他们借助语境记忆语篇内容的能力，以及根据上下文理清事物发展因果关系的能力。

3. 英语戏剧表演活动

英语戏剧表演为学生创造了一个生动的语言实践环境，不仅锻炼了他们的语言应用能力，还极大地激发了他们的创新思维和团队协作精神。下面以临夏中

学英语社团2022年秋季的戏剧表演活动为例，详细阐述活动的组织与实施过程。

（1）策划与准备阶段

首先，教师引导学生分组，并鼓励每组学生自主选择并确定戏剧主题。这些主题可以来源于课本片段、广为人知的故事，或是电影、电视剧的精彩情节。确定主题后，各小组需编写剧本、分配角色与任务，并进行紧锣密鼓的排练与调整。在此过程中，每位学生都积极参与，充分展现了他们的团队协作和创新能力。

（2）戏剧表演大赛盛况

经过为期两周的精心准备，各小组分别呈现了《哈姆雷特》《三打白骨精》《阿拉丁神灯》《皇帝的新装》等多部精彩剧目。这些剧目涵盖了经典文学、古今中外童话等丰富内容。学生们在表演中充分发挥想象力，场景转换自然，表演生动有趣且富有感染力。同时，他们在背景音乐和PPT设计上也下足了功夫，进一步提升了演出的整体效果。无论是主演还是配角，学生们的表演都非常投入，语音语调准确流畅，部分学生的英语口语更是达到了与原声电影相媲美的水平，这是他们反复练习和模仿的效果。

（3）评审与反馈环节

本次大赛邀请了五位英语教师担任评委，他们根据故事情节的编排、表演者的语音语调、动作表情、服装道具以及团队合作等多个方面对各组表演进行了全面细致的评分。演出结束后，评委们评选出了最佳剧本、最佳主演、最佳配角、最佳团队以及最佳口语奖等多个奖项，并在校内和家长群进行了广泛的宣传与分享。通过这次表演活动，学生们不仅提升了英语口语表达能力，还增强了文化意识和团队协作能力。

综上所述，英语戏剧表演活动为学生提供了一个展示自我、锻炼能力的宝贵平台，让他们在轻松愉快的氛围中学习英语、感受文化并提升综合素养。

4. 导游实践与讲解活动

当学生积累了一定的跨文化交际知识后，教师可以引导他们走出课堂，深入实地体验。中山市第一中学位于文化多元的珠三角地区，这里独特的侨乡风情和丰富的旅游资源为英语社团提供了宝贵的实践机会。通过结合当地旅游推广活动，英语社团不仅能够为学生打造一个真实的英语应用环境，还能激发他们的学习兴趣，进一步树立跨文化交流的信心。

（1）深入了解景点与资料准备

中山市旅游资源丰富，拥有众多历史古迹、自然风光和文化遗产。孙中山故居纪念馆是中山市的标志性景点，展示了孙中山先生的生平和革命历程。中山市博物馆则收藏了大量历史文物和艺术品，反映了中山市的历史变迁和文化传承。此外，中山市还有美丽的翠亨水库、南朗山等自然景观，以及保存完好的古镇和特色美食，让游客在感受历史文化底蕴的同时，也能享受自然风光和美食文化。为了让学生更深入地了解这些景点，教师首先带领学生实地探访，并结合资料研究，使学生能够全面掌握各个景点的历史背景、街区布局和文化内涵。随后，学生被安排撰写英文介绍材料，以锻炼他们的英文表达能力。

（2）模拟导游讲解实践

在社团内部，学生被分成若干小组，每组负责介绍中山市的不同景点。通过使用幻灯片展示景点图片，学生模拟导游进行讲解，或者录制视频进行展示。在这一过程中，小组间相互评价，教师则提供总结性点评，帮助学生提升讲解技巧。

（3）实地导游讲解挑战

在中山市的各个景点里，学生化身为英文导游，为来往的游客讲解景点的建筑特色、民族文化以及地道美食。这种实地讲解不仅为学生提供了真实的语言实践机会，还锻炼了他们的即兴表达和应变能力。通过这样的活动，学生不仅能够将所学知识付诸实践，还能增强对家乡文化的热爱和自豪感，进一步培养文化自信。

三、结语

英语社团的活动形式打破了传统高中英语教学的局限，为跨文化教学和核心素养的培养注入了新的活力。除了上述活动外，英语社团还可以继续探索和创新，如举办英语国家文化展览、英语辩论比赛以及英语文化知识竞赛等，以更有效地提升学生的跨文化意识和英语学科核心素养。

第七章

文化意识视角下的高中英语教研考案例

在文化交融的全球化时代，高中英语教学已不再局限于单纯的语言技能训练，而是更加注重语言背后的文化内涵和学生文化意识的培养。本章将从文化意识的视角出发，深入剖析高中英语的教学、研究和考试案例。通过分享具体的教学实践、研究探索和考试设计，本章旨在揭示文化意识在高中英语教学中的核心地位，并探讨如何将这一理念更好地融入课堂，提升学生的跨文化交际能力。通过本章的案例研究，我们期望为高中英语教学提供新的思路和方法，以适应不断发展变化的语言教学需求。

第一节　文化意识视角下的高中英语教学案例

在"新课标、新教材、新高考"的背景下，文化意识已成为高中英语教学不可或缺的一部分。本章案例从文化意识的视角出发，精心汇编了我校团队的几个富有创新性和实践性的高中英语教学案例。这些案例不仅注重语言知识的传授，更强调文化理解与交流能力的培养，旨在帮助学生在掌握英语技能的同时，拓宽国际视野，增强跨文化沟通能力。通过本案例集的学习与实践，我们期望能够激发教师对英语教学的新思考，探索更多融合文化意识的教学方法和路径，从而共同推动高中英语教育的创新与发展，培养出更多具备全球竞争力的人才。

案例一："思辨能力层级模型"视域下的高中英语传统文化课例探究

——以人教版必修第一册Unit 5中的 *The Chinese Writing System：Connecting the Past and the Present* 为例

一、引言

高中英语课程中渗透传统文化是落实"立德树人"根本任务和提升"文

化自信"的重要手段。为传承和弘扬中华优秀传统文化，高中英语课程应聚焦文本，结合本土学情，融合传统文化教育。为有效增强学生讲好中国故事的能力，需增强学生的文化意识，加强学生对中外文化的理解和对优秀文化的认同，增强国家认同和家国情怀，坚定文化自信。使学生在学习文化的过程中，坚定自己的立场，表达自己的态度，更为重要的是提高学生品鉴文化的能力。但是在实践中，一些高中生出现"中国传统文化失语症"，对传统文化了解甚少。为有效增强学生的文化意识，相关学者或一线高中英语教师就阅读课的实施展开一定探索，且取得一定成效。然而，在真正从思维层面上强化学生对传统文化的认识，并通过思辨性分析、推理和评价来内化传统文化方面，我们仍有较大待完善的空间。

二、核心概念的界定

（一）传统文化

传统文化（Traditional culture）是由文明演化而来，能够反映民族特质和风貌，能够在一定程度上表现我国各民族历史上的思想文化和观念形态。传统文化依托于各种物质文明成果和深层抽象意义，得以代代相传，特色鲜明，源远流长。在传统文化中，儒家、佛家、道家等流派尤为突出。这些流派的双重属性反映了传统文化之间存在对立与统一的辩证关系，因此，依托英语学科，在教授传统文化课程时，应启发学生用思辨的方法去看待中国传统文化。在传承和发展传统文化时，应该采取辩证继承的态度，希望学生以勤学好问的姿态，从思辨的角度分析、推理、评价，进而内化优秀传统文化，不断坚定"文化自信"。

（二）思辨能力层级模型

思辨能力（Critical thinking skill）包括情感态度和认知技能两个层面。在情感态度层面，思辨能力指勤学好问、遵循理性、尊重事实、谨慎判断、敏于探究、执着追求；在认知技能层面，思辨能力指能够阐述、分析、评价、推理、解释相关证据、概念、方法、背景等要素。

思辨能力层级理论模型将思辨能力细化为两个层级：元思辨能力和思辨能

力（详见下表）。元思辨能力是指能否在思辨的过程中计划、检查、调整自己的该能力；第二层次思辨能力包括认知范畴下的技能和标准，以及情感特质。其中，认知层面的技能主要包括三个维度，即分析、推理和评价；情感维度包括五部分：好奇、开放、自信、正直、坚毅。

思辨能力层级理论模型

元思辨能力（自我调控能力）		
思辨能力		
认知		情感
技能	标准	
1. 分析（归类、识别、比较、澄清、区分、阐释等） 2. 推理（质疑、假设、推论、阐述、论证等） 3. 评价（评判预设、假定、论点、论据、结论等）	1. 精晰性（清晰、精确） 2. 相关性（切题、详略得当、主次分明） 3. 逻辑性（条理清楚、说理有根有据） 4. 深刻性（有广度与深度） 5. 灵活性（快速变化角度、娴熟自如地交替使用不同思辨技能）	1. 好奇（好疑、好问、好学） 2. 开放（容忍、尊重不同意见，乐于修正自己的不当观点） 3. 自信（相信自己的判断能力、敢于挑战权威） 4. 正直（追求真理、主张正义） 5. 坚毅（有决心、毅力、不轻易放弃）

（三）思辨能力层级模型视域下探究传统文化的必然

思辨能力层级模型视域下的传统文化探究，应鼓励人们在英语阅读理解过程中，用思辨的角度质疑文本后，按照思辨能力的逻辑架构进行有序的分析和建构。通过不断的自我反思、自我监控，人们可以达到更高的思维水平。

思辨能力层级模型视域下感知英语课程的优点如下：首先，有利于英语教师备课过程中深入挖掘文本，从思辨的角度深入浅出、更加全面地将所学内容呈现给学生；其次，教师能够充分利用教材中的传统文化元素，用英语向学生介绍优秀中华传统文化的语言技巧，增强学生的跨文化交际意识，激发其强烈的民族自豪感与传播中华传统文化的使命感；最后，依托思辨能力的英语课程利于启发学生的批判性思考，提升学生的思维品质，增强"文化自信"，提升英语"核心素养"，进而更好地落实"立德树人"的根本任务。

三、依托传统文化阅读课程现状

优秀传统文化是中华民族的瑰宝，了解、学习和传播中华优秀传统文化是每一位中华儿女应尽的责任和义务。但是在英语学科教学中，不少教师深受应试教育的影响，他们的教学目标设计以及教学活动安排与课程标准要求相差甚远，尤其在阅读教学中，传统文化的贯彻明显不足。下文将具体阐述在传统文化阅读教学中融入传统文化时存在的不足及对策。

（一）传统文化阅读教学不足

1. 传统文化失语

在高中英语阅读教学中，教师易受到考试的影响，其教学目标多聚焦于语言能力，中国传统文化在语言教学中并未受到足够重视。学生在英语学习过程中，侧重于强化语言能力，增强对西方文化的理解，然而中国传统文化意识却比较淡薄。这使得学生英语语用能力较低，例如无法用英语讲好中国故事。此外，这种教学偏向也很难让学生感受到中国传统文化的魅力。

2. 具象目标主导

新高考时代背景下的英语测试，多聚焦于学生的综合能力。它要求学生不仅具有较好的英语基础能力，还要通过文本中的设问来强化学生的思维品质，关注语篇和话语衔接，以更高的目标来启发和引导学生。但是当下英语课过于重视基础的词汇和语法，忽视了学科本体特征，即如何引导学生用英语这个工具去批判和创造性地看待文本的语篇逻辑、分析文本结构，并就文章中思辨的论点展开深入讨论。

（二）传统文化阅读教学对策

1. 丰富文化活动

基于传统文化失语现象，笔者认为在应对该问题时，可以从教师、学生和文本三个角度出发，即采取多样化的方式提高教师对传统文化教学的重视程度、丰富学生学习传统文化的活动、挖掘教材中的传统文化元素，必要时可以创设相关校本课程。在具体实施中，可以采用增补阅读资源策略、设计辩写任务策略、鼓励表演展示策略以及演讲传播中华优秀传统文化策略。综上，依托原有的教材、创设课程及小本教材，学生和教师作为双主体能够更好地贯彻和传承传统文化。

2. 贯彻双象目标

就落实高中英语学科核心素养而言，核心素养四要素之间应紧密衔接，有效增强英语课堂效果，即依托多样化的文本，提升学生的思维品质和文化意识，并强化他们的语言能力和学习能力。一堂英语阅读课中，教学目标在课堂中扮演着"指挥棒"的角色。因此，高效的英语课堂应涵盖抽象和具象的双象目标。抽象目标主要指思维品质和文化意识此类抽象层面能力的提升；而语言能力和学习能力则可以通过具象化的文本知识和活动形式得到切实提升。

四、传统文化教学课例探究

基于《英语课标（2020年）》，本课例结合高中英语人教版教材必修第一册Unit 5 中的 *The Chinese Writing System：Connecting the Past and the Present* 文本，依托文秋芳等对"思辨能力层级理论模型"中的三个维度，即分析、推理、评价，具体阐述如何在思辨能力层级模型视域下利用传统文化文本素材，提高学生感知、理解、传播中国传统文化的能力。

【主题语境】

人与社会——历史、社会与文化。

【语篇类型】

论说文。

【授课时长】

一课时（40分钟）。

【学情分析】

学生为高一新生，男女比例均衡（共55人）。虽经过中考选拔后，英语基础较好，但应试思维模式较强，即无法或很少从思辨的角度思考文本深层含义。基于此，本节课采用半开放式的课堂模式，依托多种活动思辨的活动形式强化学生的思维品质，并让学生在参与的过程中强化自我对传统文化的认识和理解。

【教学目标】

语言能力：获取文中有关书法和其他相关传统文化的基本词汇和句式，并进行梳理。

思维品质：概括、整合、比较、阐释有关中国传统书法思想的相关内容。

学习能力：基于视频材料和所读文章，小组合作讨论传统书法的历史价值和当代价值，并发表个人看法。

文化意识：通过视听、阅读了解书法和书法文化，学习相关表达，结合听、说、读、看、写等活动，让学生感受中国古代哲学思想的魅力，从而实现"立德树人"的目标，让学生增强文化自信。

【教学重难点】

教学重点：掌握汉字变迁脉络和书法发展节点。

教学难点：利用所学的优秀传统文化概念讲述相关主题，并合理表达自己的观点。

【教学方法】

采用自主、合作、探究相结合的方法和视听等多媒体手段，让学生充分体验传统书法和书法背后的中国文化，通过听、说、读、看、写等活动实现将传统文化知识内化为具有正确价值取向的认知、行为和品格。

【教学流程】

（一）感知传统文化，提升文化素养

Step 1：Brain-storming

教师引导学生回答问题"What represents traditional Chinese culture most？"，学生基于教师的提问进行头脑风暴，回答相关问题。例如"Tea culture""Chinese Kungfu""Beijing opera""Chinese calligraphy"等。

教学意图：在学习传统文化的过程中，教师需要引导学生打开思路，激活知识图式，利用头脑风暴打开学生的思维，通过不断的引导让学生认识到书法在传统文化中的历史地位，并基于该阶段的初步感知，进行深层次的主题拓展。

Step 2：Guessing and Predicting

结合上文对传统文化的感知，教师呈现12生肖在甲骨文中的象形表述，

并提出问题 "Can you guess the meaning of these picture-based characters?"。学生在回答问题的过程中逐步加深对中国汉字起源的了解。接着，教师引导学生关注该文本标题 "The Chinese Writing System : Connecting the Past and the Present"，并通过标题内容进行一定程度的分析和推理。

教学意图：教师在引导学生感知中国传统文化的过程中，不能仅从书本内容切入，而应结合自身经历和学生特点对教材内容进行横向拓展。在本环节中，学生不仅能够了解文本中书法的特点，更为重要的是，在猜测甲骨文的过程中，能加深对文字缘由的理解。通过分析文本标题进行合理推理，不仅增强了学生的阅读兴趣，还提升了其思维品质。

（二）思辨赏析文化，增强思辨能力

Step 3：Thinking and Talking

结合对该文本标题的推理，学生快速阅读全文，并在表格的帮助下分析文本的结构（详见下表）。该任务完成后，抛出话题 "Qinshihuang united the 7 major states, and the lesser seal character was regarded as the standard. However,we might notice today's Chinese character has been greatly influenced by clerical script（隶）. How come? Can you explain that based on your learning today?" 通过小组合作的形式启发学生思考，并给予他们足够的机会进行合理表达。

文本结构

Para.	Main idea	Structure
1	The Chinese writing system is one of the reasons why Chinese civilization has continued all the way through into modern times.	Origin
2	Written Chinese was a picture-based language at the beginning.	
3	The writing system became well-developed,and later developed into different forms.	Process
4	The writing system began to develop in one direction.	
5	Written Chinese connects China's present with its past,and has become an art form.	
6	The Chinese language is helping to spread China's culture and history to the world.	Future

　　教学意图：本节阅读课依托Top-down的教学模式，即引导学生从宏观视角切入文本，使文章的整体脉络结构更加清晰呈现。更为重要的是，需要学生自己归纳出中国书法体系的Origin-Process-Future。同时，在40分钟的阅读课中，教师不可能面面俱到。为有效提升学生的传统文化内涵，笔者决定引导学生关注文章的3~4段，并就秦统一六国后小篆对中国汉字发展的深远影响展开讨论。

　　Step 4：Finding and Analyzing

　　学生精读5~6段，并结合下文图表，利用线索句，在小组合作的形式下有效提取出相关概念，并分析所填表述背后的原因。

5~6段线索表

Clue sentence	Connection
"China's present is connected with its past"	China's present & its past
"People can read the classic works"	people/language & works/thoughts
"...as an art form"	writing/words & art
"has become an important part of Chinese culture"	calligraphy/people & culture
"plays a greater role in global affairs"	China & the world

　　教学意图：学生分析和推理能力的强化应基于对文本内容的感知和理解，并通过多样化的活动形式进行产出。本环节聚焦文本后两段中的线索句，并基于文章标题中的Connecting进行内容的梳理，以强化学生的思辨能力，更为重要的是让学生感知到中国书法的地位及其意义。

　　（三）实践运用文化，落实立德树人

　　Step 5：Applying and Writing

　　该环节共包含两部分。首先，教师归纳总结本节课所学内容，"It is obvious that this change does not only make our lives more convenient,but enriches our minds to some extent. Furthermore，people realize that Chinese culture steps on the international stage with confidence considering the popularity of Chinese learning and the occurrence of Confucius institute."启发学生思考作为文化的传播者，中国汉字的发展将何去何从？其次，该部分作为课堂内容的落实和延展，学生基于教师创设的情景，完成100词以内的读后续写。

教学意图：学生在依托思辨能力层级模型感知传统文化文本的过程中，主要从认知技能层面通过分析、推理和评价三个角度展开。上述教学活动中，着重训练学生对文本和相关元素的分析及推理。本部分侧重对文本主题的评价，如口语形式评价"中国汉字何去何从"或书面形式评价"500年后汉字体系的变迁"，其本质在于依托此方法增强学生对书法和汉字体系发展的深入感知。

五、结语

新时代背景下的高中英语教学强调教师在传承中国传统文化的过程中，应深入挖掘教学文本中的传统文化元素，并基于相关主题背景不断拓展其教学资源。从丰富教学活动和具化双象目标来提升课堂效率，真正让学生用英语讲好中国故事，用思辨的方法感知、理解、传播中华优秀传统文化。正如《礼记·中庸》所言，"博学之、审问之、慎思之、明辨之、笃行之"。最后，需要指出的是思辨能力与传统文化课例的融合是一个不断探究完善的过程，需要教师结合本班学情进行改组优化教学活动，并不断拓展丰富教学资源。只有这样才能更好地提升学生的"文化自信"，落实"立德树人"的根本任务。

案例二：基于POA的高中英语传统文化融合教学的实践探究

——以非谓语动词复习为例

2021年1月，教育部强化重大主题教育整体设计，研究制定了《中华优秀传统文化进中小学课程教材指南》，要求高中阶段"以增强学生对中华优秀传统文化的理性认识和践行能力为重点"，让学生"更加客观全面地认识中华文化"，并"坚定文化自信"。《英语课标（2020年）》指出，"文化意识指对中外文化的理解和对优秀文化的认同，是学生在全球化背景下表现出的跨文化认知、态度和行为取向。"

高中英语教学的文化学习应该同时涵盖母语文化和外语文化。然而，在教学实践中，大多数教师把文化教学默认为目的语文化的教学。从丛教授在2000年提出，将这一现象称为"中国文化失语"，即"仅仅加强了对英语世界的物质文化、制度习俗文化和各层面精神文化内容的介绍，而对于作为交际主体的一方的文化背景——中国文化之英语表达，基本上仍处于忽视状态"。他认为，这是"我国基础英语教学的一大缺陷"，并呼吁"把中国文化的英语表达教育贯穿到各层次英语教学之中"。

一、以传统文化为载体的高中英语语法复习与产出导向法

（一）以传统文化为载体的高中英语语法复习

《英语课标（2020年）》指出，"高中阶段英语语法教学的目标是使学生在进一步巩固和扩展已有的语法知识的基础上，在具体语境中恰当地运用所学语法知识来理解和表达意义"。为达到这一目标，教师应创设语境、借助语篇促成语法学习。纵观近10年英语高考真题的命题选材和话题设置，中国文化元素已经体现在各种题型中，尤其是书面表达，这体现了高考的社会教育功能。鉴于此，高中阶段的英语教学应该是从听、说、读、看、写等不同层面融入中国文化元素。笔者发现，在日常的高中英语教学中，教师们可以相对轻松地利用各种教材、时文、视频等媒介，在听说、阅读等课程中轻松实现文化意识的培养目标。相比而言，指向文化意识培养的语法教学则略显困难。

基于此，笔者设计了"基于POA的高中英语传统文化融合教学的实践探究——以非谓语动词复习为例"一课。这一课例旨在探索一种"以传统文化为载体，切入语法复习与应用"的高中日常语法教学思路。同时，本课例以"形式—意义—使用"三维动态语法观为指导，力求打破缺乏生机的传统语法教学模式；将语法复习与写作紧密结合，发展学生的语法能力，打破语法教学的工具性和人文性之间的藩篱，从而促使学生用深度内化的"语法武器"准确、恰当、得体地用书面表达的形式来讲述、弘扬优秀的中华传统文化。

（二）产出导向法（POA）

北京外国语大学文秋芳教授提出产出导向法（Production-oriented Approach，POA）理论模型，其结构在最近10多年里得到了完善和发展，其核心理论与应用模式见下图。

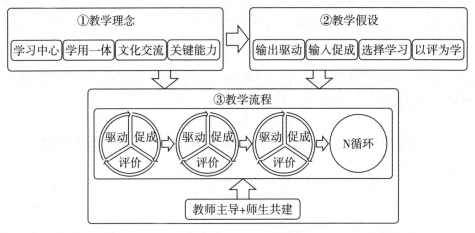

POA理论模型及应用模式

POA始于"产出"，终于"产出"，基于教师主导和师生共建，强调学用结合、在学中用、以评为学。POA为"学用分离"病症开出的"中药方"，既有针对性，又有系统性，目的是让学生能够"以用促学""以学助用""学以致用""学有所成"。POA有效整合了西方教学理论中的"输入假说""输出假设"和"互动假设"，综合施策，覆盖教学各个环节（驱动—促成—评价），便于教师将教学落到实处。

二、高中英语传统文化融合教学的实施路径及案例分析

笔者的课例设计主要聚焦在英语与传统文化的融合，即以英语学科为主导，以传统文化素材为载体，整合教学资源创设情境，提高学生英语综合应用能力并培养他们的文化意识。此外，笔者还从双向融合设计分析、多维度目标设计、多样化学习活动设计和多维度评价融合等方面探究高中英语传统文化融合教学路径（详见下图）。

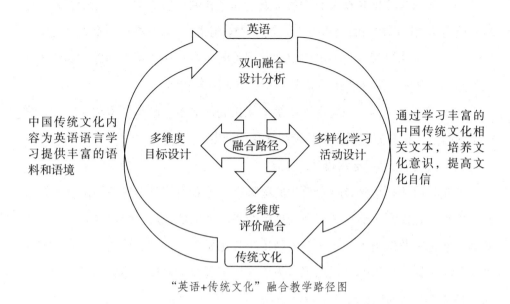

"英语+传统文化"融合教学路径图

（一）双向融合设计分析

指向文化意识的培养与提高是本节课的设计出发点。笔者将大量介绍中华传统文化的文本引入教学内容，为英语语言学习提供丰富的语料，再根据具体教学内容进行筛选并适当改写，以实现高中英语教学与传统文化的双向融合。在本节非谓语动词复习课中，笔者从成语故事"胸有成竹（Inspiration from Bamboo）"入手。英文版的这一故事作为知识输入可以有效调动学生的学习兴趣，形成较高的学习期待。随后，在非谓语动词用法复习的环节，笔者引入了大量的中华传统文化素材，如旗袍、国潮、中国画、剪纸、舞狮、指南针、长城、石狮等。在课堂和课后写作环节，均实施"以读促写"，先阅读一篇相关话题的文章，继而完成一篇应用文写作。

（二）多维度目标设计

多维度目标设计是双向融合的立足点。"英语+传统文化"教学目标的设计不是二者孤立目标的简单叠加，而应做到培养文化意识目标在前，英语语言的培养目标在后。英语语言目标以传统文化为载体，使语言学习与文化紧密相连。通过灵活运用"语法武器"实现文化意识培养、文化自信增强的目标。本节课教学目标包含三个递进维度。

（1）嵌入丰富的传统文化素材，通过递进式的分层活动，学生能够熟练地将非谓语动词运用在书面表达中，体会非谓语动词的语言特点——简洁、凝练。

（2）学生通过阅读与中国传统文化相关的文章，在语篇中加深对非谓语动词的感知、理解，最终能在书面表达中活用非谓语动词。

（3）学生通过读、写与中国传统文化相关的文本，品味"文化大餐"，增强文化自信，积极充当弘扬中国传统文化的使者。

（三）多样化学习活动设计

课堂学习活动是学科融合教学的落脚点。笔者所设计的这节语法复习课，其主要目标是使学生能够在书面表达中恰当、灵活地运用非谓语动词。更重要的是，通过本节课引入的大量与中国传统文化相关的词句、语篇，学生能够在潜移默化中提升自己的文化意识。为更好地实现教学目标，笔者本节课的学习活动是基于POA的促成环节来设计的。

1. 教师解释子产出活动的完成步骤和要求

在本节课上，笔者在夯实该语法点的环节通过由句到篇、由浅入深的递进式推进思路设置学习任务，以加深学生对非谓语动词的感知。导学案中明确了各学习活动的完成步骤和要求（详见下图），能够给予学生清晰的任务指引，从而有效地引导学生逐层推进学习任务。

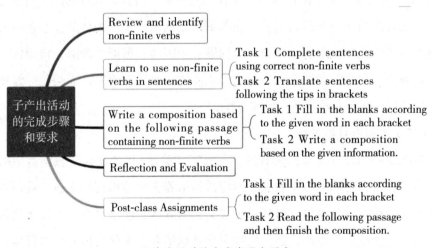

子产出活动的完成步骤和要求

2. 在教师指导下，学生进行选择学习，完成促成活动，并给予检查

本节课的学习活动主要围绕非谓语动词的活用进行设计。在知识点回顾环节，教师通过集体作答和个别作答了解学生的掌握情况。第二部分是非谓语动词在句子中的运用。考虑到部分语料稍难，笔者由浅入深设计了两个不同的活动；同时，给出了提示词以帮助学生合理搭建"脚手架"，促成相对完整、准确的句子产出。该环节同样采用集体作答与个别作答的方式了解学生的掌握情况，教师及时就学生出现的问题给出具体、精准的反馈，并做出相对应的小结。第三部分是本节课的重心——Writing Practice，也是前面两个学习环节的延续：在语篇中识别非谓语动词→在丰富的话题语料中活用非谓语动词→在创设好的文化传播语境中进行语篇输出。为了更好地实现准确、高质量的应用文输出，笔者先提供了一篇相关话题的文章供学生阅读；考虑到课堂限时写作的时间紧迫性，笔者还给出了该应用文的写作框架和一些关键词提示，以促成活动产出。

3. 在教师指导下，学生练习产出，并给予检查

POA的"以评为学"假设认为课堂教学中"评学结合"相比"评学分离"能够取得更好的教学效果。为了提高学生练习的产出质量，笔者进行了有针对性地搭建支架，主要从三个维度着手。第一，练习产出的内容与输入文本是同源话题；第二，在应用文写作中创设生活中可能出现的语境，通过主题牵引，引导学生建立主动传播中华传统文化的意识，提高文化自信（详见下表）；第三，合理搭建写作框架，给定应用文的三段布局，以降低课堂限时写作焦虑，促使真实的教学发生。

课堂产出任务与课后迁移学习任务中的语境创设

Write a composition based on the given information	
任务一	假如你是李华，你的外国朋友Jack来信想了解有关中国的端午节的知识。请你给他回信，信的内容如下： 1. 端午节的时间； 2. 端午节的起源； 3. 端午节的习俗

续 表

	Write a composition based on the given information
任务二	假如你是李华，你正在伦敦一所中学参加中英文化之旅夏令营。请你写一篇发言稿，向该中学的学生介绍世界第八大奇迹——秦始皇陵兵马俑，内容包括： 1. 地理位置； 2. 对兵马俑的概述（如：陶俑陶马数量、历史由来、兵马俑的外形等）； 3. 重要意义

笔者在本节课的Reflection and Evaluation环节设置了学生自评和师生同评的检查方式。学生在完成课堂限时写作任务后，及时对照反思评价表中的各评价项目进行自评。学生自我反思，逐一核对自己是否符合自评项目中的各项评价指引（详见下表）。自我评价后，教师挑选出具有代表性的学生习作，组织学生进行同伴互评展示。在展示环节，学生依据评价表中各项内容对同伴的习作进行细致分析。随后，教师进行补充分析、循迹点评、完善提升，通过有效的师生同评，使学生对该活动的高质量产出有更清晰的感知，从而强化其学习效果。

课堂限时写作活动的反思评价表

	Reflection and Evaluation	
1	Have I used at least two forms of non-finite verbs?	YES☐ NO☐
2	Are there any other shining point except non-finite verbs?	YES☐ NO☐
3	Are there any obvious mistakes in it?	YES☐ NO☐
4	What is the score given by yourself?	Score：

（四）多维度评价融合

多维度评价融合是深化学生活动产出的关键点。根据POA的"以评为学"假设，评与学、评与教的有机结合是教学循环链中不可或缺的环节。此外，评价包含即时评价（课堂产出活动）和延时评价（课后完成的产出活动）。本节课的课后迁移产出活动评价以POA提出的TSCA为指引，旨在让学生通过评学结合，打破学生"学"与教师"评"的界限，以评促学，以评促教。

本节课设置的课后迁移产出活动要求学生在阅读一篇关于"秦始皇陵兵马俑"的文章后，完成一篇应用文写作。在学生完成该应用文后，笔者会在下一堂课中组织学生统一进行自查自评和同伴互评，并给出评价的对照自查自评指引表（详见下表）。学生完成自查自评后，再由教师统一进行详细批改，归类不同得分档次的代表习作，继而进行有针对性的清晰指导，从而最大程度地发挥以评促学的作用。

学生作文自查自评指引表

1. 审题是否正确？	YES□　NO□
2. 布局是否合理（要点是否齐全？侧重点是否正确？）	YES□　NO□
3. 语言是否丰富（用词是否合理、高级；句式是否丰富；行文逻辑是否合理）？〔如何修改或提升？〕	YES□　NO□
4. 书写、卷面是否符合要求？	YES□　NO□
5. 自评分数	

三、课例反思

结合本节课的实际授课过程以及课后发放的《教学效果达成调查问卷》，接下来将从以下四个方面进行反思。

1. 起点

本节课的教学设计是基于《高中英语语法复习学生需求调查问卷》的结果分析而进行的。调查结果表明：学生认为高中语法知识较难，存在不同程度的困扰，他们希望教师能针对不同的语法项目采用多样的教学方法和策略，以帮助他们更好地掌握语法知识，逐渐形成清晰的语法结构、完善的语法体系。同时，学生对这节课的语法项目——非谓语动词的语用能力仅限于解决语法单选题和填空题等较为基础的知识输出形式。基于数据分析而做出的教学设计可以提高教学效率，最大限度实现有的放矢、优化教学效果。此外，学生对于在语法复习的课堂中融入中国传统文化有很高的期待，他们希望通过融合中国传统文化与语法的课堂教学来改变"文化失语"的现状。

2. 堵点

非谓语动词作为一种高级语言组织形式，是高中学段的语法重点，亦是难点。因此，如何科学、合理地设置课堂活动显得尤为重要。本节课的输入→输出过程建立在由浅入深、层层推进的认知规律之上，即what-why-how。其中，

"how"这一环节是本节课的堵点，对应的是第三部分Writing practice这一教学环节中设置的第二个任务：通过阅读语篇、观看视频获取"端午节起源"这一故事中的关键词句和非谓语动词（输入），并且在书面表达中准确、完整地将端午节介绍清楚，同时能够正确写出非谓语动词（输出）。考虑到学生对于非谓语动词这一语法知识缺乏清晰的感知，教师所设计的语篇不仅是端午节主题，还将该语篇中的非谓语动词留白，要求学生边阅读边完成语篇中的非谓语动词，再次强化学生对非谓语动词的深入理解，帮助学生在接下来的书面表达中能得体、准确地使用非谓语动词。

3. 燃点

从某种程度上来说，一节课的成功与否取决于教学活动设计能否激发学生的学习热情，使学习达到燃点。本节课的最大特色就是用中国传统文化的语篇贯穿始终，以语篇输入，用语篇输出。将主题丰富的中国元素引入高中语法教学课堂，不仅能够激发学生的学习兴趣、形成学习期待，而且能够减轻学生对较难知识点的畏惧反应。同时，经过整合的与中国传统文化密切相关的资源能让学生在语篇中学习语法知识，从而实现情境式语法教学，加深学生对所学语法项目的感知。此外，通过语法复习这一环节，笔者旨在培养学生的文化意识，并进一步提升他们的文化自信。在输出环节，笔者设置的写作任务极大地激发了学生的学习热情，再配合小组讨论这一合作学习方式，非常理想地促成了教学目标达成。

4. 落点

本节课的落脚点包含两方面：①实现本节课所学语法知识的内化和自然输出，即能够在写作中合理、准确、得体地使用非谓语动词，提高语用能力。②将中国传统文化与语法知识复习有机结合，达到培养文化意识、提高文化自信的目的，提高学生借助书面表达向世界讲述中国故事的能力，使他们乐意成为弘扬优秀中国传统文化的使者。

为了检验学生的产出水平，可以设置课后调查问卷来了解教学效果。同时，评价和记录学生的课后作业（详见下图），通过这两方面的数据可以看出本节课的效果达成较为理想。

Dear Jack,

I hope this letter finds you well. I received your inquiry about the Dragon Boat Festival in China, and I'm happy to share some insights with you.

The Dragon Boat Festival, also known as Duanwu Festival, falls on the fifth day of the fifth month of the lunar calendar, which usually lands in June on the Gregorian calendar. This festival has ancient origins and is celebrated to commemorate the poet and minister Qu Yuan. Legend has it that Qu Yuan drowned himself in the Miluo River as a form of protest against political corruption.

During the Dragon Boat Festival, people partake in various customs and traditions. One prominent tradition is the eating of zongzi, pyramid-shaped glutinous rice wrapped in bamboo leaves. Additionally, dragon boat races are held across the country, where teams row elaborately decorated boats to the beat of drums, symbolizing a search for Qu Yuan's body.

I hope this information provides you with a better understanding of the significance of the Dragon Boat Festival in Chinese culture.

Warm regards,

Li Hua

Dear fellow students,

It is my pleasure to have the opportunity to introduce one of the world's most fascinating wonders to you - the Terracotta Army, also known as the Eighth Wonder of the World.

Firstly, let's talk about its geographical location. The Terracotta Army is located in the city of Xi'an in Shaanxi Province, China. It was discovered in 1974 by local farmers and has since become a site of great historical and cultural significance.

The Terracotta Army consists of thousands of life-sized clay soldiers and horses, which were buried with the first Emperor of China, Qin Shi Huang, over 2,000 years ago. These sculptures were created to accompany the emperor in the afterlife and to protect him in his reign beyond death. Each of the soldiers, horses, and chariots is unique, displaying remarkable craftsmanship and attention to detail.

The importance of the Terracotta Army cannot be overstated. It provides us with valuable insights into the military, artistic, and technological achievements of ancient China. Furthermore, it serves as a testament to the grandeur and power of the Qin Dynasty, leaving a lasting impact on Chinese history and culture.

I hope this brief introduction has piqued your interest in this incredible historical treasure.

Thank you for your attention.

Sincerely,

Li Hua

学生课后作业节选

四、结语

本课例的探究为高中英语教师今后的语法教学提供了有效的参考和指引。如何在今后的日常教学中适时融入中国传统文化，激活语法教学课堂？如何实现中国传统文化和高中英语语法教学有效融合？这都是值得进一步深入思考和探究的问题。通过语法知识和中国传统文化的有机结合，我们可以深入推进学生文化意识的培育，同时促进教与学两个维度的优化。

案例三：成语故事融入高中英语读后续写的教学实践

中华优秀传统文化是我们文化自信的基石，在高中英语教学中融入我国优秀传统文化是十分重要和必要的。一方面能培养学生的文化涵养，增强其民族自尊心与文化自信心；另一方面还可改善高中课堂中"中国文化失语"现象，帮助学生用英语讲好中国故事。将中华传统文化融入英语教学已成为一线教师关注的热点问题。然而"传统文化"这一概念包罗万象，类别繁多，每一个类别都具有其特点，并非用同一种教学模式就能将每一个类别很好地融入英语课堂。因此，本文将聚焦传统文化中的一类——成语故事。成语故事是中华优秀传统文化的重要组成部分，也是汉语语言中的精华。成语故事的叙事性、趣味性以及哲理性与读后续写题型中阅读材料的基本特征是相吻合的。教师利用市面上主流的成语故事英文译本，将成语故事与读后续写内容巧妙结合，既能让学生学到基本的语言知识，还能将成语故事中蕴含的传统美德潜移默化地渗透到英语课堂教学中，塑造学生良好的品德。

本文从中华传统文化融入英语学科的视角入手，以一堂基于成语故事的读后续写技能训练课为例，探析如何将传统文化与英语教学相融合。

一、成语故事与高中英语教学相融合的现状与依据

（一）高中英语教学中的传统文化融合

自从提出"中国文化失语症"以来，众多学者与一线教师开始关注传统文化与英语教学相融合的问题。在研究的学段中，核心论文多集中于大学英语教学。近几年，关于中国传统文化融入高中英语教学的研究也逐渐增加，成为研究的热点。何丽芬、鲁子问等学者从传统文化融入英语课堂对学生的影响角度出发，分析了传统文化与高中英语教学相融合的优势和路径。李道双、王启伟、罗建军从增加阅读资源、设计编写任务、鼓励表演展示等传统文化融入小学英语课堂的策略入手，提出文化与教学融合的对策。

已有的研究大多关注的是"中国文化"这一大概念，包括中国的语言、文字、哲学、宗教、文学、艺术、教育、科技、历史、地理、政治、经济、伦理、道德等。较少人着眼于文化的某一具体方面。例如，蒋雨婷、王启伟探究了中国文化语言方面之一——将中国古典诗词融入高中英语教学。魏静提出借助传统故事绘本在英语教学中渗透传统文化的方式。以上研究虽着眼于中国文化的某一类别，但是都未关注到汉语语言精华——成语。汉语成语是一类特殊的固定短语，其形式凝练、形象丰满，寥寥数字就传达出丰富的内涵。汉语成语以中华民族历史生活为背景，是言语传承积淀的结果，承载着丰富的民族文化特征。因此，如何开发利用英文版成语故事，将中华成语的教学融入高中英语课堂中是一个值得深入探讨的问题。

（二）成语故事融入英语教学的必要性

邢福义曾这样论述语言与文化的关系："语言与文化的关系之密切，也许可以用'水乳交融'来形容。"成语是汉语语言文化的精华所在，成语故事里更是蕴含着深厚的中华文化知识。

教师在高中英语教学中融入中国成语故事，可以减少英语带给学生的陌生感，既促进了学生对英语相关知识的学习，加深学生对所学成语的理解，还提高了英语学习的趣味性和学生学习的自主性。同时，中国成语有着几千年的时间沉淀，其内容丰富、涵盖面广，学生还可以从中收获一些宝贵的经验。例

如，在学习态度方面，有成语"水滴石穿（Art of Water Torture）""铁杵成针（Li Needled into Action）"等。教师若将其与平时的教学结合起来，而不是让学生将这些内容死记硬背，这种做法会大大提高学生对中国成语故事的认知，学生也会从中国成语中汲取更多的经验和教训。

将成语故事与英语课堂相融合，既能增加学生的语言基础知识，又能通过成语故事中所蕴含的哲理思想对学生的修养产生积极的影响，对学生树立正确的世界观、人生观、价值观也有着积极意义。两者的融合能更好地发挥英语学科的德育功能，此外也符合课程育人的内在要求。例如成语"东施效颦（Imitating Beauty）"告诉我们不能盲目地模仿，要找到自身的特点；"杞人忧天（Easing Anxious States）"提醒学生不要总是忧虑那些不切实际的事物，要关注当下眼前的事情；"塞翁失马（Relativity of Hidden Values）"告诉我们人的心态一定要乐观向上，任何事情都有两面性，不好的一面也有可能向好的一面转化。这些成语故事中蕴含的德育元素有助于学生开阔思维、启迪心智和发展理性。发挥成语故事中的德育功能，能进一步促进英语知识和价值引领的有机融合。

二、中国成语故事融入高中英语读后续写教学的课例分析

读后续写题型为学生自主写作提供语篇情境，激发学生表达意愿，并且将阅读理解与写作产出紧密结合，具备较强的促学功能，现已成为新高考英语的必考题型。本文中的读后续写任务由中国成语故事中的《东施效颦》改编而成。该课例围绕产出导向法体系中的驱动—促成—评价三部分进行教学设计，课时为40分钟。

（一）阅读材料简介

阅读材料为英文版的《东施效颦》，在原结尾加上了两个段首句。第一段段首句为"Knowing what happened to Dong Shi, Xi Shi determined to help her. So she went directly to Dong Shi's house and knocked on the door."，第二段段首句为"Dong Shi was deeply touched and expressed her great appreciation for Xi Shi's words and decided to change."，引导学生通过人物对话的形式，帮助东施变得更美。阅读材料的主题语境是"人与社会"，话题围绕"不能盲目模仿别人，

要有自己的风格"展开。学生通过看、读、思考等一系列的活动，熟悉语篇内容，从文章中学习关于"如何构思人物对话"的有用的表达，以完成第一段的续写。其目的是让学生明白适合自己的才是最好的，不能盲目模仿他人；通过续写进一步明白人们之间的互助能让彼此变得更美好。

（二）具体教学设计

1. 驱动环节

首先，回顾历史上的四大美人，引出"爱美之心，人皆有之"这一观点，为后文续写的内容打好铺垫。其次，观看《东施效颦》的短视频，重温成语故事内容。最后，呈现英文版《东施效颦》，让学生带着两个问题去读材料：

Why did they（Dong Shi and Xi Shi）walk with eyebrow knitting and a hand on the chest?

Why was Dong Shi laughed at by others?

通过回答这两个问题打破学生对这个成语原有认知的束缚，引导学生换位思考。学生会发现，东施只是想变得更好看，然而她采取了并不适合自己的模仿方式，这导致东施在历史上沦为了一个可笑的角色。教师此时引用之前得出的观点"爱美之心，人皆有之"，并通过问题链引导学生站在东施的立场思考：

Did Dong Shi do anything wrong?

Is it fair to laugh at someone who tries to be prettier?

Would Dong Shi change her fate if there is someone giving her a hand?

在这里引入两个段首句，与学生一同推测第一段续写的内容与形式（详见下图）。

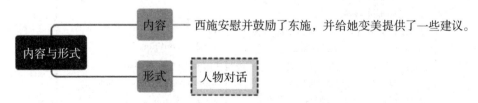

第一段续写的内容与形式的推测

教师此时呈现写作任务并提出问题："如何让人物对话更加生动？"然后让学生尝试回答。在提问了一些学生后，学生们意识到自己在用词和句式方面比较单一，对话的描述比较平淡，无法很好地将人物情感通过对话表达出来。这时，他们内心已产生一种学习的压力和动力。接下来，教师说明教学目标和产出任务。交际目的是构思生动的人物对话；语言目标是找出文中关于"说"的不同的描述，并将其归纳分类，最终掌握对话中常见的表示"说"和"情绪态度"的单词、短语和句式。这些语言目标是为交际目的服务的。产出任务分为课内和课外两部分：课内是与微技能讲授同步进行的产出练习，包括技能的训练产出和第一段落的写作产出；课外指在学习已经练习完成之后，学生需自行完成第二段的续写，并使用所教的单词、短语和句式。

2. 促成环节

微技能的教学依靠教师的引导和学生的观察与思考。在这一环节，教师首先明确产出任务：观察文中的人物对话，圈出让对话出彩的单词、短语和句式。这些人物对话被分成三类：第一类对话运用了声音和神态描写，第二类采用了不同的表达"说"的单词，第三类运用了动作描写。人物对话加上以上三类描写能够让书面表达更加生动。学生自行标注出彩的表达，并完成相应的产出练习加以巩固，教师会给予口头指导并检查。经过对这三类技能的学习和练习，学生已经掌握了第一段续写的内容，以及好用的单词、短语和句式结构。至此，"脚手架"已经为学生搭好。这些"脚手架"内容放在同一页面呈现出来（详见下图）。

Writing Skills & Possible Content

写作技巧1:said的补充式描写（声音描写和神态描写）

1. "..."he said + with/in + *n*.

2. "..."he said + *adv*.

3. "..."he said, his voice + *adj*./ doing（独立主格）

4. "..."he said in a + *adj*.+ voice

写作技巧2: "说"的不同方式

写作技巧3: 花式句型（动作描写）

1. She *v*. -ed.（神态、动作描写）+"..."

2. "..."she said，as/when...（状语从句）

3. "..."she said, doing...（现在分词作伴随状语）

mindset:confident

appearance:suitable，appropriate, fit, What suits you best is the best style

写作技巧

接下来给学生十二分钟左右完成第一段的续写任务（要求学生将刚刚所学的技能用于写作之中），即本节课主要的产出任务。

3. 评价环节

为了保证学生个人评价和同伴互评的有效性，为学生续写水平的提高提供明确的标准指向，教师首先和学生一同学习评价标准。结合教学目标和内容制定本篇阅读材料读后续写的评价标准，设计出评价表（详见下表）：

自我评价

Self-evaluation	
Do you apply the skill of "say" to your writing?	Yes/No
Does your content cohere with the given sentence?	Yes/No
Do you use varied sentence structure and words?	Yes/No

接下来生生互评各自的产出成果，并进行相应的修改。教师选中几篇有代表性的成果，隐去学生姓名后拍照上传到大屏幕和全班一起评价。在评价过程中，教师指出问题并提出改正措施。学生作品范例展示如下：

Para.1 Knowing what happened to Dong, Xi determined to help her. So she went directly to Dong's apartment and knocked on the door. Dong opened the door, surprised to see her idol standing outside. "Good mornning, Miss Dong," she said with a smile. "Why...why are you here? What...what happened?." Dong stammered as her heart raced. "Be relieve! I am going to offered you some advice which will asist you look more beautiful" Xi promised with her eyes fixed on her. Then Dong nodded and let her in. As time went by, Dong gained countless useful recommendations by listenning her words.

学生作品范例1

Para.1 Knowing what happened to Dong, Xi determined to help her. So she went directly to Dong's apartment and knocked on the door. *Shocked and surprised, Dong opened the door only to find Xi stood there and looked at her with concern. "Can we talk indoor?" Xi beamed. Sitting side by side, Xi whispered to Dong with her eyes looking straight in Dong's: "Beauty is different for different people. Confidence is the most appreciated beauty of everyone. I believe firmly that as long as you find the approx appropriate style of your own, you can be much beautiful and twinkle!" "Be yourself!" Xi encouraged with a bright smile.*

学生作品范例2

除去个别地方的单词拼写和语法问题，根据高亮部分可以清晰看出学生在表达"说"时，能灵活使用课堂所学的写作技能，同时内容与所给段首句紧密衔接，选词与句式比较多样。达到了自评表中的三点要求。

学生作品点评结束后，教师提问引发学生深度思考："你如何看待那些追求美的人？"通过分析本课成语故事和续写故事情节，学生对这一问题的思考更加深刻了。最后教师总结：在追求美的道路上，你可能会被别人嘲笑或者轻视，而你需要做的仅仅是坚持自己的方向（适合你的方向），并为之奋斗。

课后教师再将全班的续写作品收起来，将普遍出现的问题做一个合辑，在下节课上进行集中点评并指出修改方法，同时选出优秀作品，供学生们学习。

通过驱动—促成—评价三个教学环节的指引，学生总体的学习热情较高，能较好地跟随教师的步伐进入每一个环节，并有意识地将所学知识点与这节课的主线任务相结合，实现了边学边用，学用一体的效果。

三、反思与总结

中华优秀传统文化与学科教学相结合是时代发展的需要。这种尝试对于大多数英语教师来说还处于起步探索阶段，但是它在培养学生的阅读兴趣，激发学生积极思维，坚定文化自信方面的优势是非常明显的。

1. 深度加工内容

成语对学生而言并不生疏，因此学生在遇到英文版的成语故事时会有更大的兴趣进行深度阅读。教师在确定文本内容的主题意义之后，对成语故事的结局进行改编，使之变为读后续写题目，引导学生重新阅读文本，寻找细节信息，站在不同的立场来重新审视这些故事背后所蕴含的寓意。

2. 构建高阶思维

教师利用问题链帮助学生整合关键信息，形成语篇意识，增强了学生对篇章连贯性的认识，有助于学生推测续写内容。教师在推进主线任务进行信息加工的过程中渗透微技能的指导，帮助学生在语篇知识的指导下围绕文体语言特征，能够从宏观到微观解构文本，从而实现了学生从低阶到高阶的思维建构。

3. 迁移运用语言知识

成语故事的哲理性能够比较广泛地解决学生遇到的一些现实问题。因此教师能充分利用课堂所学，引导学生运用课文中学到的语篇知识、学习策略，并结合自己的生活体验思考一些基于文本又超越文本的现实性问题，并且创造性地表达自己的理解。

成语故事是中华文化的重要载体和具体体现，通过将成语故事与英语读后续写有机融合，不仅能大大提高学生"用英语讲好中国故事"的能力，还能巧妙地渗透中华传统美德，同时更好地培养学生的家国情怀，增强他们对中国传统文化的认同感和自信心，使他们成长为中华优秀传统文化走出去的传播者和交流者。

案例四：Festival Celebration教学设计

——学议论文语篇结构，悟节日庆祝内涵

Ⅰ. Students

Class One, Grade One.

II. Type of lesson

Reading lesson.

III. Teaching content

PEPC3U1:Why do we celebrate festivals?

JEPOC2U4:Festival celebrations then and now.

IV. Student Analysis

In general,students in Class 4 have relatively higher English proficiency compared with the average level at school. Based on the previous lessons in this term,most students have known how to predict the text content before reading and use skimming and scanning skills to finish reading tasks such as catching the main idea. However,they have not systematically studied to analyze the structure of explanatory argumentation and judge the author's writing attitude. Therefore,the teacher should provide enough scaffolding for students to understand the structure through reading different explanatory argumentations.

V. Teaching objectives

After this lesson,students are able to:

1. analyze the structure of explanatory argumentation and judge the author's attitude; [Language ability]

2. make inductive analysis by cooperating with group members; [Learning ability]

3. develop critical thinking ability; [Cognitive and thinking ability]

4. realize the core of the festival celebrations and refuse overspending. [Cultural awareness]

VI. Teaching focus and difficult points

Focus:analyze the structure of explanatory argumentation and judge the author's attitude;

Difficult points:make inductive analysis by cooperating with group members.

VII. Teaching method：

Task-based Language Teaching Method

VIII. Teaching and learning procedure

1. Lead in （2 minutes）：

Activity：Guessing the gift （2 minutes）

Guess what gift the teacher gave to her mom on the past International Women's Day to make her mom so moved and pleased. （a hand-made card or an exquisite gift box？）

purpose:to attract students' attention,lead in the topic and lay a foundation for the following lesson

2. Pre-reading （3 minutes）：

Activity：Title interpretation （3 minutes）

Infer the content according to two texts' titles and come up with their own reasons of celebrating festivals.

purpose:to connect with the knowledge they have learned in the previous listening lesson of this unit and prepare them for later reading

3. While-reading （30 minutes）：

Activity 1:Read for text genre，main idea and structure （9 minutes）

Passage 1:Why do we celebrate festivals? （PEP C3U1）

Skim passage 1 to decide the text genre,fill in the main idea of each paragraph by locating the topic sentence,and analyze the text structure （introduction-body-conclusion) .

purpose:to practise students' skimming ability to locate the topic sentences and summarize the main idea to analyze the structure correctly

Activity 2:Jigsaw reading for the main idea and the structure （14 minutes）

Passage 2:Festival celebrations then and now（JEP OC2U4）

Work in groups to put the random paragraphs of passage 2 in the right order based on the title and main idea of each paragraph and then analyze the text structure by themselves.

purpose:to further consolidate students' knowledge on the structure of explanatory argumentation they have learned by reading another passage.

Activity 3:Read for similarities and differences （7 minutes）

Work in groups to discuss the similarities and differences between the two passages （1. text genre 2. topic 3. structure 4. the author's attitude towards commercialization of festivals,etc. ） .

purpose:to develop students' ability to make inductive analysis on the topic-based explanatory argumentations in different aspects; to train students to consciously notice and infer the authors' attitude in explanatory argumentations.

4. Post-reading （ 3 minutes ） :

Activity:Express your own opinion （3 minutes）

Express personal opinions freely on commercialization of festivals and understand the reason why the teacher gave a hand-made card to her mom as a gift and importance of resisting overspending in festivals.

purpose:to enable students to develop critical thinking ability and realize the core of the festival celebration.

5. Summary and Assignment （2 minutes） :

Activity 1:Summary of the whole lesson （1 minute）

Summarize the whole lesson based on the blackboard design.

purpose:to let students review the learning process and make self-assessment

Activity 2:Assignment （1 minute）

Write a short explanatory argumentation "My Attitude Towards Commercialization of Festivals" with a clear structure of "Introduction-Body-Conclusion" （100~120 words）.

purpose:to consolidate what students have learned in the class by putting it into writing practice.

IX. Blackboard design:

Festivals and Celebrations

Δ explanatory argumentation

Δ ⌠ Introduction
   ∣ Body
   ⌞ Conclusion

Δ Attitude : ✓ O ✗

第二节　文化意识教研案例

近年来，随着课程标准理念日益深入人心，我国高中英语教学在知识与技能传授的同时，逐渐重视起对学生文化意识的培养。这一转变不仅体现在教材内容的更新上，更贯穿于教学方法的创新与实践之中。通过引入多元文化素材，设计跨文化交流活动，英语教学正逐步从单一的语言学习向全面的文化素养提升转变。

我们中山市第一中学的教研团队立足于当前高中英语教学的实际，联合兄弟学校，深入探讨了在教学中有效培养学生文化意识的策略与方法。通过系统的教学实践和细致的实证分析，我们取得了一系列富有启发性的教研成果。这些成果不仅证实了文化意识培养在高中英语教学中的可行性与有效性，更为今后的教学改革提供了有力的理论支撑和实践参考。我们的研究成果在2023年的广东省中小学教育创新成果奖评选中获得了全省第20名（英语类的第2名），被评为二等奖（前13名为一等奖）。

在此，我们将这份成果报告与广大教育工作者共享。期望通过我们的努力，能够推动高中英语教学在培养学生文化意识方面迈出更加坚实的步伐，为培养具有国际视野和跨文化交流能力的新时代青年贡献力量。

"二维三阶四能"的高中英语文化意识培养范式的十年校际合作探索成果报告

主持人：莫炎芬

主持人单位：中山市第一中学

参与人：林婉燕，袁丹纯，柯静怡，莫晓斯，王思

针对传统英语教学中"重语言，轻文化"的现象，2013年9月市英语教研员发起了"文化与英语教学"的研究项目。作为此项目的种子学校，中山市第一中学、龙山中学从此开始了逾十年的探索之路。在10个省、市级课题，25个子课题的凝聚下，我们的团队如今已壮大至涵盖了8个市的18所学校，共有238名志同道合的老师，并取得了丰硕的成果。

一、问题的提出

文化意识是指对中外文化的理解和对优秀文化的认同，是学生在全球化背景下表现出的跨文化认知、态度和行为取向。语言是文化的载体，文化学习有助于语言学习。然而，在当今的英语学科教学中，教师更多地关注学生语言能力的发展，而忽视了文化意识的培育。即使有针对学生情感态度和价值观的教育，也是以说教为主。因此，学生的文化意识培养应该受到重视，也势在必行。

1. 重视学生文化意识的培养是《英语课标（2020年）》的要求

受高考指挥棒的影响，传统高中英语教学普遍致力于应试技巧的训练，在一定程度上忽视了在教学中融入文化知识的重要性。为扭转此种局面，《英语课标（2020年）》中明确指出"文化意识"为英语学科核心素养四大要素之一，提出其体现英语学科核心素养的价值取向，并提出了普通高中英语课程的文化意识目标：获得文化知识，理解文化内涵，比较文化异同，汲取文化精

华，形成正确的价值观，坚定文化自信，形成自尊、自信、自强的良好品格，具备一定的跨文化沟通和传播中华文化的能力。可见，高中英语文化意识的培养具有丰厚的理论基础，本项目紧跟课程标准趋势，与时俱进。

2. 重视学生文化意识的培养符合英语学科的课程性质

英语是一门语言学科，是文化的载体与反映；而语言是文化的写照，是文化的主要表现形式。我们的英语学科不仅具备时代性、基础性和工具性的课程性质，还兼具人文性。因此，英语这门人文类学科，自然要从人文性方面发挥学科的育人作用。在英语学科中，学生可以通过英语直接获取相关知识，正确理解其内涵。同时，在英语载体中，学生可以直接感受到文化信息传递的不同方式和不同的思维模式，从而提高对不同文化的包容性和对文化辨别的准确性，拓展国际视野。英语学科也能从不同的角度引导学生传播中华文化，增进中国与其他国家的相互理解与交流，为提升跨文化沟通能力打下基础。

3. 重视学生文化意识的培养符合当代社会对人才培养的需求

随着当今社会生活和经济活动日益全球化，信息不断网络化，人们之间的国际交往日益频繁，对教育和人才培养都提出了前所未有的挑战。教育部颁布的《国家中长期教育改革和发展规划纲要（2010—2020年）》中提出："适应国家经济社会对外开放的要求，培养大批具有国际视野、通晓国际规则、能够参与国际事务和国际竞争的国际化人才"，正式将全球胜任力纳入人才培养体系。面对来势汹汹的国际竞争，我们必须从现在开始培养学生的国际视野和世界思维，让每一个学生学会与不同文化背景的人平等沟通、共享合作，同时在文化交流中，能用英语自信地传播中国文化，讲好中国故事。因此重视学生文化意识的培养是中国教育的必然趋势。

二、解决问题的主要方法和措施

（一）亟须解决的主要问题

随着《英语课标（2020年）》的颁布，在英语教学中要融入文化意识的培养已成为广大老师的共识，但是由于应试教育的影响，在现实的教学中仍然存在着如下问题（详见下图）：

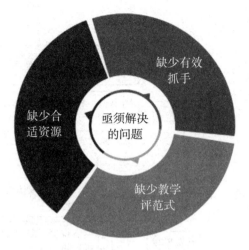

培养文化意识的现实问题

1. 缺乏培养文化意识的抓手

英语学科核心素养涉及四个方面，然而要全面兼顾，确实难以达到预期的效果。因此，一线老师在面对文化意识培养的需求时，常常感到无从下手。

2. 缺少一个能满足各个层次的学生需求的资源库

培养文化意识不能凭空实施，需要适合的教学资源。目前，师生们接触最多的还是以应试为导向的各类教辅材料。因此，为广大师生开发适合的教学资源库就显得尤为迫切。

3. 缺少文化意识培养的教学评范式

文化意识的培养是一个新问题，目前缺少成熟的教学范式和评价内容。因此，探索一套培养文化意识的教学评模式就成了我们课题研究的重点内容。

（二）解决问题的技术路线

本项目针对当前文化意识培养存在的实际问题，制定了"二维三阶四能"的技术路线（详见下图）。具体来说，就是从开发线上、线下的"二维"资源库入手，提炼出"读思言"三个教学中的关键实施环节，从而培养跟文化意识有关的四种核心技能。

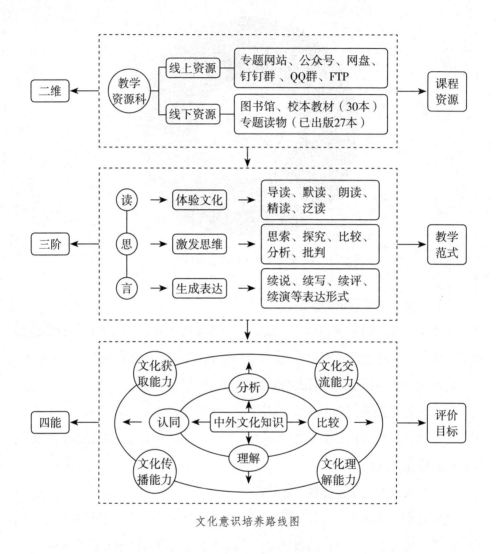

文化意识培养路线图

（三）解决问题的过程与方法

本项目的整体思路："基于课程资源开发教学范式，基于教学范式的提炼进一步优化教学资源，基于教学评价优化教学范式。课程资源是基础，教学范式是核心，教学评价是目标"。课程资源、教学范式和教学评价三者之间相互关联、相互促进、相得益彰。

本研究主要经历了孕育启动、完善升级、优化提炼、推广发展四个阶段（详见下图）。

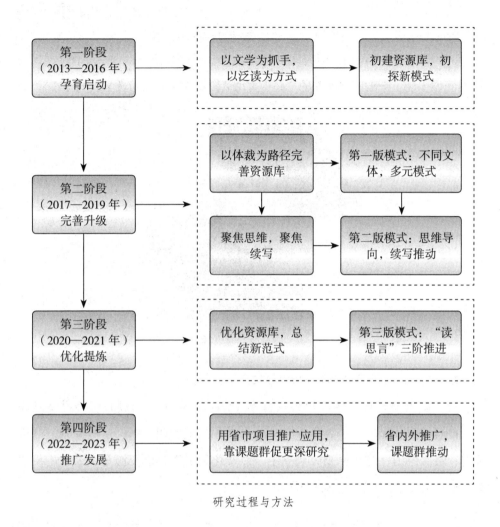

研究过程与方法

1. 第一阶段（2013年9月—2016年12月）：孕育启动

（1）开展文化融入英语教学的调查。我们调查了市内外不同类型学校的两千多名师生对文化意识认识的现状，分析"文化失语症"的原因，提出研究问题"如何在英语教学中提升学生的文化意识？"。

（2）阅读文献，寻找解决问题的途径。在研析现行教材时，我们发现教材存在"文学缺位"的现象，于是提出了以"英语文学阅读"为切入点，培养学生的跨文化交际能力。2013年9月我们申请了"高中课堂英美文学阅读合作式学习的探究"的课题，从课堂活动形式的角度探索文学阅读促思的教学模式。

（3）随着研究的深入，我们发现单靠文学阅读满足不了学生了解多元文化的需求，于是提出了扩大阅读面，建立阅读资源库的方案。

（4）经过近两年的前期研究，我们初步建成了阅读资源库（详见下图）。2016年9月我们申请了中山市立项课题"高中生泛读资源库的开发与教学模式探索"。

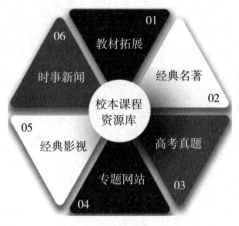

初步建成阅读资源库

2. 第二阶段（2017年1月—2019年12月）完善升级

（1）随着《普通高中英语课程标准（2017年版）》的颁布，经过文献研究，我们的团队提出了在英语教学中融入文化知识的四原则：平等原则、适度原则、层次原则、对比原则，确立了"以文化为引领，以资源为引擎"的英语学科核心素养培养新路径（详见下图）。

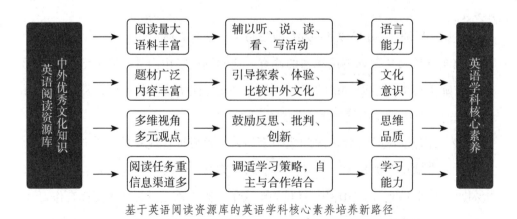

基于英语阅读资源库的英语学科核心素养培养新路径

（2）在利用中外优秀文化知识阅读资源库发展文化意识的过程中，我们的团队按照不同层次的学生需求，根据教师各自的特长和特点，探索了群文阅读、任务型阅读、项目式阅读、报刊阅读、文学阅读、阅读圈阅读、读写结合、视听读写结合等模式。

（3）在文学阅读探索方面，2018年我们成功申报了市级立项课题"高中英语文学阅读思维型教学的校本研究"，确立"以思维为导向，以续写为推动"的文化意识培养策略。

（4）开发了第一批15本校本读物，24节市级以上获奖课例，其中教育部优课2节，省级获奖课例7节。

3. 第三阶段（2020年1月—2021年12月）：优化提炼

（1）为了进一步完善资源库，提炼文化意识培养的模式，我们团队成功申报了市级课题"基于文化意识培养的高中英语教学资源库的开发与利用"。在这个课题的推动下，我们进一步优化了资源库。

（2）在教学模式上，最终确立了由"读—思—言"的一般模式（详见下图）提炼出"读—思—言"的三阶文化意识培养模式。在此模式下我们还开发了不同类型的教学模式，如针对文学作品，我们提出了"三维四层四级"的教学模式。

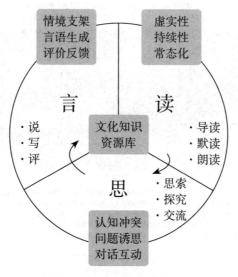

"读—思—言"的一般模式图

（3）在教学模式的运用中进一步丰富了文化意识培养课程，开发了《中国文化读与写》《"三新"背景下的文化意识培养路径探索》《文学阅读鉴赏》等中山市市级特色精品课程体系。这些课程内容均已经在"中山教育信息港"网站上共享。项目组成员还有四节课例获教育部"一师一优课"奖励，六节课获广东省"一师一优课"奖励。这些获奖的课例已经通过教育部和广东省的相关网站向全国的教师们进行了分享。

4. 第四阶段（2022年1月—2023年12月）：推广发展

（1）多平台宣传推广课题成果

自文化意识培养资源库的开发与利用项目启动以来，受到了省内外兄弟学校的广泛关注。我们利用各级各类活动积极推广我们的研究成果。

在中山市内，我们利用中山市教师发展中心的活动积极开展同课异构、教学讲座等活动。例如2023年上半年中山市一中就承办了两次全市新教师培训活动。期间莫炎芬老师做了《学习活动观视域下的高中英语文学阅读教学探究》的讲座（详见下图），温雨淅等老师上了四节示范课。

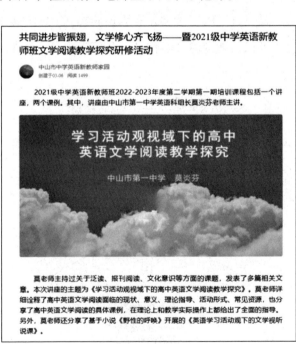

莫炎芬讲座简介

在省内，我们也积极推广我们的研究成果。2022年10月林婉燕在广东省中小学校长培训中心做了《文化铸魂，层级提升，课程驱动，学术引领》的讲座，受到了与会122所学校校长的好评。团队成员每年都参加"六校联合体"教研会进行推广交流，影响了普宁二中、潮阳一中、广东仲元中学、深圳宝安中学和佛山南海中学等学校。我们还利用与潮州市的教育帮扶项目把成果带到了潮州的磷溪中学。2023年6月中山市第一中学承办了广东省教育信息化教学应用实践共同体启动活动，在该活动上展示了我们的教研成果，受到了参会的谷红丽等专家的好评。

此外，近年来，项目组先后有18位成员通过市教体局组织的中山名师走进云南、贵州的活动（详见下图），参加了当地的面向全市的同课异构和教研讲座。中山市一中连续三年邀请了江苏名校南菁中学来校进行课本拓展阅读、文学名著阅读、报刊阅读的同课异构活动，获得了上海市教研员陆跃勤教授和华东师范大学刘莉莉教授的高度赞赏。

中山一中名师走进贵州省六盘水市

（2）课题群促进研究多维发展

我们的团队以课题作为凝聚队伍的纽带，从开始的两个课题扩大到15个省市级课题，23个子课题，并发展成为覆盖8个市，涉及18所学校的研究团队（详见下图）。这些课题群从不同的维度和视角深挖文化意识培养的资源、策略、评价等，形成了一个良好的局面。

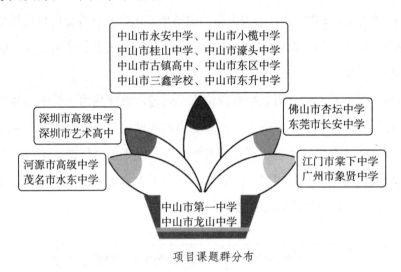

项目课题群分布

三、成果内容

（一）开发了基于文化意识培养的线上、线下"二维"教学资源库

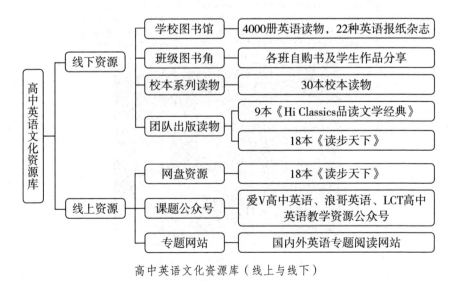

高中英语文化资源库（线上与线下）

针对不同层次的学生需求，本团队开发了基于文化意识培养的线上、线下"二维"教学资源库（详见上图）。以下是对"二维"教学资源库的详细介绍。

1. 线上资源库

为拓展教材以外的英语学习资源，充分利用网络资源和英语学习平台，为学生提供有针对性的真实的英语学习材料，我们开发、收集了丰富的线上资源。

（1）百度网盘资源库

利用网盘资源，赋能助力师生教学。网盘资源库达890G，内含超过 2000 本多媒体英语读物（英文报纸、杂志、有声书等）；利用网络影视资源（如经典电影、TED演讲、时事新闻、纪录片等），构建影视资源库。这些资源符合《英语课标（2020年）》中对学生听、读、看技能的培养要求。

（2）微信公众号平台资源库

借助微信公众号平台，我们分享教学资源和教学课例，分享教学感悟，并构建课例资源库（包括微课、课堂实录、课件、教学设计、学案和反思以及其他资源）。同时，本团队成员参与了LCT高中英语教学资源、爱V高中英语、浪哥英语等5个公众号。这些公众号在教师中产生了很大的影响力。

（3）专题网站资源库

成为华南师范大学的实验学校后，我们利用华南师范大学专家开发的"一针三库"专题资源网站来赋能教学。另外，我们发掘并整合了国内外英语专题阅读网站，国内方面我们利用了翼课网、天学网、英语流利说、薄荷阅读、喜马拉雅、哔哩哔哩等英语学习软件，为学生提供不断更新的英语学习听说读写材料，从而构建了动态资源库。此外，常用的外文资源库包括Reader's Digest、National geographic、Twinkl等。

2. 线下资源库

（1）参编出版了27本相关读物

近年来，我们团队参编出版了《Hi Classics品读文学经典》（9本）、《读步天下》（18本）等读物（详见下图）。这些读物为我们开展教学提供了高质量的素材。

出版的相关读物

（2）图书馆书籍资源库

中山一中图书馆中设置了纯英文书目专区，目前馆藏的英语阅读书目已经超过 4000 册，英语的报纸、杂志有22种（详见下图），同时每年都会定时采购以更新英语读物；校内阅览室和电子阅览室一共可以容纳6个班的学生同时进行阅读。

图书馆馆藏英语书籍展示

（3）编写了丰富的校本读物

根据学生不同的年级、层次的需求，本团队精选素材，编写了30本基于文化意识培养的校本读物（详见下图）。

丰富多样的校本读物

这些校本教材涉及面广，包括10本文化系列、5本美文赏析系列、4本文学系列，以及《读短小新闻，看精彩世界》《英语时文拓展阅读》等。特别值得一提的是，《世界文化读本》在2017年荣获中山市特色读物一等奖和广东省二等奖，《英语话中国》则在2018年入选学校校庆特色校本课程。

（二）提炼了读思言"三阶"教学范式

本项目通过开发的线上、线下的"二维"资源库作为输入，提炼出"读思言"三个教学中的关键实施环节，建立了高中英语文化意识培养的教学范式（详见下图）。

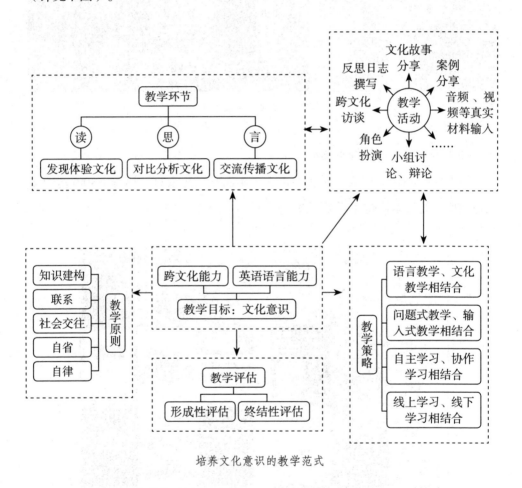

培养文化意识的教学范式

该范式基于当前高中教学实际情况，根据不同的素材，开展导读、默读、朗读、精读、泛读等形式多样的读的活动，让学生在"读"中体验文化。读后开展的探究、比较、分析、批判等思维活动是促进学生理解文化知识的关键环节。"言"是读和思基础上生成的表达，形式包括说、写、评、演等。该教学范式贯穿起一条始于读、经由思、终于言的过程链。它以读为出发点、思为着力点、言为落脚点，读阶段侧重训练阅读策略，思阶段侧重发展探究能力，言阶段着重生成个人观点。这种逐步推进、逐级递进的学习形态，形成螺旋循环上升的趋势，使学生从低阶认知能力向高阶认知能力有序发展。

（三）创新了文化意识评价机制

1. 提炼评价点，突破评价难点

文化意识的培养涉及多主体、多方面，是个纷繁复杂的系统工程。本项目基于调查和研究提炼出了聚焦"四能"的评价范式（详见下图）。其中，"文化获取能力"属于认知层次，"文化理解能力"考查学生对文化的理解情感体验，"文化交流能力"和"文化传播能力"关注的则是具体的行为。"四能"评价层次逐级递进，维度全面，有效地解决了文化意识教学评价这个难点。

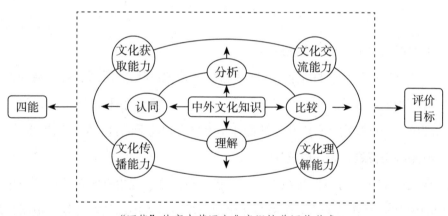

"四能"的高中英语文化意识培养评价范式

2. 教学评一体，创新评价机制

本项目凝练的"二维三阶四能"的高中英语文化意识培养范式为师生提供了丰富多样的课程资源、实操性强的教学方法和层次分明的评价目标，贯穿教—学—评三大环节。教学评一体是目前提倡的教学理念，我们在明确了"四能"评价内容的基础上，进一步提出了评价文化意识教学的教学评一体实践模式。（详见下图）。

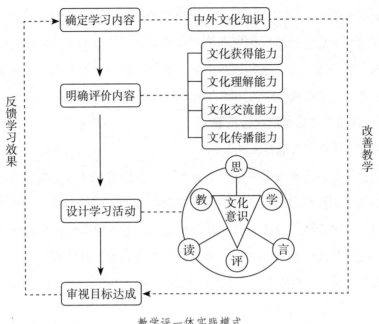

教学评一体实践模式

3. 可视化评价，看见点滴进步

"四能"的评价目标是抽象的，因此我们提倡利用翼课网、智学网等工具来实现评价的可视化。通过续说、续写、续评、续演等多种表达形式，我们可以将评价过程可视化、有声化，从而让学生更直观地看到自己的点滴进步。

4. 重视档案袋，见证成长轨迹

成长档案袋作为一种新兴的评价方式，在评价过程中有明显的促学作用。我们的档案袋主要记录学生在中外文化知识学习过程中的学习计划、成果作品和总结反思。这有利于师生进行课后回顾，同时有助于教师进行进一步的评价和教学调整。此外，它还能让家长清晰地看到孩子的学习轨迹，从而加强家校合作，凝聚育人力量。

（四）探索了新教研模式

1. 利用课题群汇聚研究力量

作为一线的普通老师，我们没有资金，没有平台，但是我们凭着一腔热血，利用莫炎芬和袁丹纯的两个省级课题带动了一系列子课题，共同研究文化意识的教学，共同开发教学资源。团队汇集了来自中山、广州、深圳、佛山、江门、东莞、河源、茂名8个市的18个中学的优秀高中英语教师，每校参研人员形成一个子课题组。以中山市一中和龙山中学为带头学校，团队定期开展校内、校际和市际间的线上线下教研活动，集思广益，为项目推进群策群力，以期共同改善高中英语文化意识培养的教学现状。各子课题组分工明确，（详见下表），共同开发教学案例和资源。团队目前结题了4个市级课题，在研的省市课题有7个，子课题18个。依靠大家对"以指向文化意识培养的资源推动英语教学"的认同，我们团队近年来编写出版了4本专著，27本相关读物，发表了53个教学设计，在我省同行中获得了高度的认可。

资源开发分工表

小组	学校	开发资源类型
第一组	中山市第一中学 东莞市长安中学 中山市东升中学	中国传统文化、文学阅读大单元教学案例
第二组	中山市龙山中学 深圳市高级中学 深圳市艺术高中	文学阅读、续写案例、思维品质与文化意识案例
第三组	茂名市水东中学 河源市高级中学 中山市永安中学	网络读写资源、续写案例、多模态案例
第四组	中山市桂山中学 佛山市杏坛中学 中山市小榄中学	课本的文化拓展资源高考真题的多元开发
第五组	中山市濠头中学 中山市三鑫学校 广州市象贤中学	网络资源、以演促学的资源对比续写案例
第六组	中山市古镇高中 中山市东区中学 江门市棠下中学	时文阅读、英语国家文化报刊阅读案例

2. 依托省教研基地，开展教学研训新模式

2018年我校成为广东省基础教育实验基地学校，我们利用这个平台，开设了英语教师研修的专题项目：文化意识培养的策略与路径。我们开发的实验课、研讨课、常态课、同课异构、示范课和讲座的"五课一座"发展模式，巧妙地将"教学+研究+培训"聚合成一个整体（详见下图）。我们以"教"为指引、以"学"为支撑、以"研"为提升、以"训"为落脚点，开展线上线下、区域内外的教研活动（详见下图），解决校际、区域间教研教学开展不充分、发展不均衡的问题，建立了校内外多层次、区域联动的教研共同体。

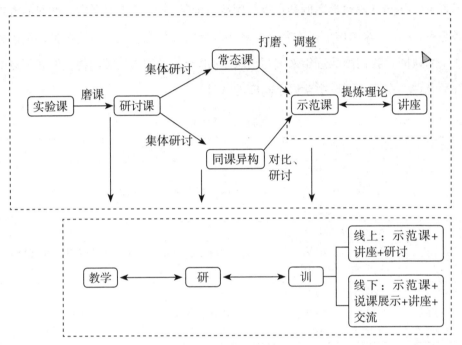

"五课一座"教学研训模式

跨省线上示范课+研讨会

线下讲座培训会

四、成果的效果与反思

（一）实践成效

1. 学生的英语学习兴趣明显提升，英语学习效果进步显著

在实施"二维三阶四能"的高中英语文化意识培养范式的过程中，我们调查了中山一中的1522名高二学生。通过数据可以看出，无论是形成性评价还是终结性评价，实验班学生的阅读和写作成绩都高于对照班学生成绩（详见下表）。|Z|值均大于2.58，说明两个班的单项成绩差异非常显著。实验班的单项平均分分别比对比班的单项平均分高出11.03％、14.03％、12.9％、16.71％，这表明"二维三阶四能"模式对高中生的阅读和写作均有积极的促进作用。

形成性评价成绩统计

班级	学生数（N）	阅读成绩			写作成绩		
		平均分（X）	标准差（S）	|Z|值	平均分（X）	标准差（S）	|Z|值
实验班	45	59.51	8.5026	3.0968	61.42	9.2604	3.6360
对照班	45	53.60	9.5740		53.87	10.4192	

终结性评价成绩统计

班级	学生数（N）	阅读成绩			写作成绩		
		平均分（X）	标准差（S）	|Z|值	平均分（X）	标准差（S）	|Z|值
实验班	45	54.82	8.7972	3.2189	58.51	10.2103	3.7557
对照班	45	48.87	8.7549		50.13	10.9394	

此外，近五年（2019—2023年）团队教师所带的学生在各级各类英语比赛中，总共获得283项奖项，其中，58项一等奖，居同类学校排名前列（详见下表）。

中山市一中、龙山中学近五年学生获奖统计

序号	项目	总和	一等奖	二等奖	三等奖
1	广东省中小学生IEEA英语能力展示大赛	99	22	34	43
2	中山市书写比赛	64	17	21	26
3	全国英语创新作文比赛	27	6	9	12
4	全国经典诵读大赛	50	10	17	23
5	中山市英文演讲比赛	43	3	18	22

2. 教师的专业发展取得长足进步，示范引领作用得以发挥

在进行"二维三阶四能"的文化意识培养研究与实践中，我们极大激发了教师们的教学热情，带动了课堂教学的优化，并提高了教师们的自我效能感，从而使他们的专业发展取得了显著进步。

本项目成员是一支年轻的教师队伍，平均年龄34.2岁。十年的项目推进，见证了成员们从新手教师迅速成长为成长型青年研究型教师。目前，本项目有中山市学科带头人2人、中山市骨干教师3人、中山市教师发展中心兼职讲师11人，获得中山市优秀教师、学科质量优秀教师共22人次。此外，团队还获得了8项省市级教育成果奖、教育部优课5节、省市级优秀课例奖项共25项；发表的论文有34篇获奖，发表教学设计53项，出版专著10部25本；举办市级以上公开课和讲座109次（详见下表）。

教育部优课（国家级）

序号	姓名	课程	所获奖项	颁奖单位	时间
1	侯晓倩	Healthy Eating	教育部"一师一优课"部级优课	教育部基础教育司	2018年
2	黎静	The Great Wall	教育部"一师一优课"部级优课	教育部基础教育司	2019年
3	谭茜	Morals and Virtues（读后续写课）	教育部"一师一优课"部级优课	教育部基础教育司	2022年
4	王宏瑜	Unit 1 Teenage Life	教育部"一师一优课"部级优课	教育部基础教育司	2022年
5	熊楚苑	Unit 3 Environmental Protection	教育部"一师一优课"部级优课	教育部基础教育司	2023年

团队成员参编出版物

序号	时间	姓名	出版物	出版社
1	2017年	莫炎芬	《高中英语同步解析与测评》	人民教育出版社
2	2018年	袁丹纯	《英语学霸手账》	重庆出版社
3	2019年	莫炎芬	《高中英语话题晨读》（模块8）	湖北教育出版社
4	2020年	辛键、莫炎芬、袁丹纯	《高中新旧课程标准教学要求比较》	华东师范大学出版社
5	2020年	莫炎芬	《高中英语教师用书》（选择性必修二）（2020年秋季起用的新教材）	人民教育出版社
6	2020年	莫炎芬	《高中英语同步解析》（选择性必修一）（2020年秋季起用的新教材）	人民教育出版社
7	2021年	李奕群	《天利38套原创题》	西藏人民出版社
8	2021—2022年	袁丹纯、莫炎芬、陈丽芳、彭明芳、张湾湾、王慧琴等	《读步天下》（8本）	江西高校出版社
9	2021年	莫炎芬、黎静	《中国高考评价体系例析》	广东教育出版社
10	2022年	莫炎芬、袁丹纯、黎静等	《Hi Classics品读文学经典》（9本）	海豚出版社

成果统计情况

序号	成果类别	数量
1	课题立项	39
2	专著出版	10部25本
3	论文发表	52
4	教学设计发表	53
5	学生作品发表	38
6	公开课和讲座	109
7	论文获奖	34
8	师生比赛获奖	39
9	校本教材	47
10	校本精品课程	10
11	教师荣誉	30
12	教学成果	8
	总计	484

3. 在"五课一座"教学研训模式的推广下，省内外辐射影响大

十年来，项目组成员及时总结、提炼并推广教研成果。近年来，团队依托省教研基地，中山名师走进云南、中山名师走进贵州、中山市教师发展中心兼职讲师、华南师范大学等高校的兼职讲师等平台，采用"五课一座"的形式，举办了98次市级以上的讲座和126节公开课。团队成果辐射到了云南、贵州，以及省内的河源、云浮、潮州、湛江、韶关等地。同时，莫炎芬、袁丹纯作为华南师范大学、广州大学、西安外国语大学的兼职教师，把我们的教研成果也推广到了这些高校师生中。另外，我们团队还开发和参与了爱V高中英语、浪哥英语、LCT高中英语教学资源等公众号，通过这些平台向全国用户推送我们的教学资源，受益教师人数上万人次，得到社会各方对本成果的一致好评。另外，这些公众号的点击量已过百万次。

（二）反思

"二维三阶四能"的高中英语文化意识培养范式为一线的教学提供了丰富

的资源、清晰的教学范式以及明确的评价要素，能有效解决"只重视语言知识教学、忽略文化育人价值"的问题。然而团队在以下几方面仍有待进一步优化：首先，资源的进一步优化有待加强；其次，教学模式的细化需要精益求精；最后，需更大力度地推广成果，让更多的师生受益。

（2023年广东省中小学教育创新成果奖二等奖）

第三节　高考语篇对文化意识的考查研究

高考，这一全国性的大型选拔考试，其试题设计对普通高中教学起到了至关重要的引导作用。然而，当前不少地区在大规模考试中仍存在文化考查方面的明显不足，如题量不够、特点不鲜明、重点不突出等。同时，部分试题过于侧重语言知识和技能的测试，而忽视了对文化意识、思维品质及情感态度等隐性素养的深入考查。这种命题倾向不仅可能误导日常教学，还会对学生核心素养的全面发展造成不利影响。

高考所选用的语篇是命题者传达文化意识素养命题思想和测试理念的重要载体。因此，对高考试题中语篇所蕴含的文化意识进行深入研究显得尤为重要。本文旨在对近三年高考英语全国卷中的语篇进行系统的文化意识分析，以期为高中英语教师在培养学生文化意识方面提供切实有效的建议。

一、研究设计

1. 研究核心

本研究主要围绕两个问题展开：首先，深入探讨高考英语语篇中文化意识的承载内容、类型、呈现方式及其分布比例；其次，分析这些文化意识承载特点对教学实践以及文化意识培养的启示。

2. 分析架构

本研究基于现有理论与研究成果，构建了分析语篇文化意识承载特点的框架。参照吴晓威2019年的教材文本分类，将研究语篇划分为目的语国家文化、本土文化、人类共有文化和文化对比四种类别。同时，结合课程标准，将文化意识承载内容归纳为人与自然、人与自我及人与社会三大主题。此外，还根据多模态呈现方式，将语篇中的文化意识划分为表格、图示和图片三种形式。

3. 研究资料

本研究选取了2019至2021年高考英语全国卷共9份试卷，以其中的72个语篇（听力部分除外）作为研究对象。

4. 研究方法与流程

本研究采用计量分析与文献分析法相结合的方法。研究过程包括语料的收集与整理、分类与统计，以及深入的分析与思考。为确保研究的准确性和合理性，笔者在前期进行了大量的文献检索和阅读积累。首先，笔者整理并打印了近三年的高考英语试卷，按照研究框架进行系统的分类与分析。其次，笔者邀请同事和信息技术老师对数据进行验核，确保数据的可靠性。最后，笔者对研究结果进行了总结性的分析与归纳。

二、研究发现

1. 文化意识承载类型分布

经过对研究语料的仔细梳理和比对，笔者发现近三年高考英语试题中的语篇在文化意识承载类型上总体分布适当。这些语篇涵盖了目的语国家文化、本土文化、人类共有文化以及不同民族的文化对比。然而，从纵向比较来看，某些年份在特定文化类型的语篇数量上表现出明显的不均衡。例如，2020年涉及目的语国家文化的语篇数量显著减少。此外，目的语国家文化的语篇占比最高（50%），而呈现文化对比的语篇则相对较少（仅占4%）（详见下表）。这种"一多一少"的现象反映了高考英语试题在文化意识承载类型上的某种倾向性和不平衡性。

高考语篇的文化意识承载类型

文化类型	2019年		2020年		2021年		合计	
	数量	比例/%	数量	比例/%	数量	比例/%	数量	比例/%
目的语国家文化	15	62	7	30	14	58	36	50
本土文化	5	21	8	33	5	21	18	25

文化类型	2019年		2020年		2021年		合计	
	数量	比例/%	数量	比例/%	数量	比例/%	数量	比例/%
人类共有文化	3	13	8	33	4	17	15	21
文化的对比	1	4	1	4	1	4	3	4
总数	24	100	24	100	24	100	72	100

注释： 表中目的语国家文化指英国、美国等把英语作为母语的国家的文化；本土文化特指中华文化；人类共有文化指不限于上述文化的，人类共同创造的优秀文明和先进科学技术等；文化的对比涉及本土与目的语国家文化、本土与其他文化的对比。

由此可见，高考英语试题中的语篇在文化意识承载类型上展现出适当的分布，这对日常英语教学起到了积极的反拨作用。这种分布有助于引导教师在教学中注重培养学生的多元文化意识，学会文化包容，并形成正确的价值观。高考作为重要的评价手段，能促使教师和学生更加重视跨文化交际能力的培养，以适应全球化时代的需求。

2. 高考语篇文化意识承载内容的深入分析

新课程改革明确提出了"人与自然、人与自我和人与社会"三大主题语境，这为英语教学提供了明确的方向。高考英语试题中的语篇在文化意识承载内容上呈现出合理的分布，但局部数量仍存在不均衡的现象（详见下表）。

高考语篇的文化意识承载内容

文化的主题语境	文化承载	2019年		2020年		2021年		合计	
		数量	比例/%	数量	比例/%	数量	比例/%	数量	比例/%
人与自然	自然生态	3	50	1	17	2	33	6	33
	环境保护	2	33	1	17	3	50	6	33
	灾害防范	0	0	0	0	1	17	1	6
	宇宙探索	1	17	4	66	0	0	5	28
	小计	6	100	6	100	6	100	18	100

文化的主题语境	文化承载	2019年		2020年		2021年		合计	
		数量	比例/%	数量	比例/%	数量	比例/%	数量	比例/%
人与自我	生活与学习	4	57	10	77	6	60	20	67
	做人与做事	3	43	3	23	4	40	10	33
	小计	7	100	13	100	10	100	30	100
人与社会	服务与人际沟通	4	37	2	40	1	12.5	7	29
	文学艺术	2	18	0	0	1	12.5	3	13
	历史社会与文化	3	27	3	60	2	25	8	33
	科学与技术	2	18	0	0	4	50	6	25
	小计	11	100	5	100	8	100	24	100
总计		24	300	24	300	24	300	72	300

（1）"人与自然"主题的文化意识承载情况

"人与自然"作为未来公民必须关注的重要话题，在高考语篇中得到了充分的体现。通过介绍不同文化背景下的自然环境、历史建筑、物质与非物质文化遗产等信息，高考语篇引导学生关注大自然对人类的影响，并思考人类与自然的关系。然而，从上表中可以看出，涉及灾害防范的语篇数量相对较少，因此建议后期试卷中适当增加相关内容，以警醒人类善待自然，增强关注气候变化、环境保护和灾害防范的意识。

（2）"人与自我"主题的文化意识承载情况

除了学习与考查语言技能外，语言教学与测试还应承担构建精神世界、促进生命个体和谐发展的任务。高考英语试题中的"人与自我"主题语篇旨在引导学生学会接纳自我、关注身心健康，并培养坚强的意志品质。从上表中可以看出，近三年涉及"人与自我"主题语境的语篇数量较多，约占41%，希望今后的命题能够保持这一合适的比例，以便更有效地反拨日常教学。同时，这类语篇也提醒教师要重视学生的身心健康教育，促进学生全面发展。

（3）"人与社会"主题的文化意识承载情况深入剖析

高考英语试题中，"人与社会"主题的语篇选择，充分体现了命题者引导学生接触社会文化相关材料、增加人文关怀体验、增强爱国主义情感以及拓展国际视野的深思熟虑。从上表可以看出，近三年高考语篇在"人与社会"这一主题上共有24篇，内容涵盖服务与人际沟通、文学艺术、历史社会与文化以及科学与技术等四个方面。

值得注意的是，反映历史社会与文化、服务与人际沟通的语篇多达15篇，占据了较大比例。这些语篇不仅涉及丰富的社会文化现象，还注重引导学生思考如何在社会中建立良好的人际关系，提供优质的服务。

例如，2019年高考全国Ⅰ卷阅读理解A篇，通过介绍政府帮助学生暑期找工作的项目，引导学生关注社会责任和公共服务。同年，全国Ⅱ卷完形填空则通过讲述Ehlers团队救助迷路小狗并找到主人的故事，传递了人与动物之间的深厚情感以及互帮互助的社会正能量。

2020年高考全国Ⅱ卷语法填空的语篇，以中国新春习俗为切入点，展示了中华传统文化中植物、水果与鲜花装点的寓意，使学生在学习语言的同时，也能感受到传统文化的独特魅力。

2021年高考全国乙卷阅读理解D篇，则通过介绍工作环境中背景音乐对人们创造力影响的实验结果，引导学生关注科技发展与工作环境的关系，培养科学探究精神。同时，该卷的完形填空题通过讲述如何表达感激之情，倡导建立和谐、互爱的人际关系，进一步强化了"人与社会"主题的人文关怀。

3. 高考英语语篇文化意识承载的呈现方式探究与改进建议

课标明确要求，教师或教材编写者在选择语篇时，应注重其长度适中、难度递进、真实性、多样性以及多模态的特点，并确保文学性与非文学性语篇的比例合理。这一指导原则同样适用于高考英语试题的命题工作，其中，多类型、多模态的语篇呈现方式尤为人们所期待。

笔者对近三年高考英语试题中的72篇语篇进行了详细梳理（详见下表），结果显示，这些语篇在文化意识承载的呈现方式上仍以传统的纯文字为主，占比高达96%。尽管新课程改革强调了语言能力中"看"的技能培养，但遗憾的是，在近三年的高考试卷中，以图片、表格等非文字方式呈现的语篇寥寥无几，仅占4%。特别是在多模态呈现方面，数量和比例均显不足，2019年甚至为零，2020年和2021年也分别仅有2篇和1篇。

高考语篇的文化意识承载的呈现方式

语篇的文化意识承载呈现方式	2019年		2020年		2021年		合计	
	数量	比例/%	数量	比例/%	数量	比例/%	数量	比例/%
纯文字方式	24	100	22	92	23	96	69	96
多模态方式	0	0	2	8	1	4	3	4
总计	24	100	24	100	24	100	72	100

这一现状反映出高考命题者在学生"看"的技能培养方面尚需加强关注。随着多媒体技术的不断发展和普及，多模态语篇已成为语言教学和评估的重要趋势。因此，笔者建议未来的高考命题应逐步增加以多模态方式呈现的承载文化和价值观的语篇，以更全面地考查学生的语言能力、学习能力等综合素养。这样的改进不仅有助于提升学生的跨文化交际能力，还能更好地适应信息化时代对人才培养的新要求。

三、深入思考与重要启示

从近三年高考英语语篇中文化意识的承载情况来看，无论是类型、内容，还是呈现方式，均展现出了丰富多元的特性。这种多元化不仅体现在对各国文化的广泛涉猎，也反映在对不同文化层面的深度探讨。培养学生的文化意识，作为新课程的重要目标之一，涵盖了比较与判断、调适与沟通、认同与传播，以及感悟与鉴别等多个维度。因此，教师在日常教学中应紧密结合高考语篇的文化意识承载特点，充分利用多元化的文本资源，设计并开展有助于提升学生文化意识素养的教学活动。

1. 以教材文本为基础，推动学生文化比较与判断能力的提升

教材不仅是国家教育意志和主流价值观的载体，也是考察学科教育及其实践路径的重要窗口。鉴于近三年高考英语语篇中文化意识的丰富类型，包括目的语国家文化、本土文化、人类共有文化，以及不同文化之间的对比，教师应结合教材中的相关话题，开展旨在提升学生文化比较与判断能力的训练活动。通过鼓励学生在对比中感知文化的深层含义，增进他们对国际文化的理解。例如，译林版《牛津高中英语》模块六中的Unit 3 Understanding each other，通过介绍东西方国家在问候、婚礼等方面的文化习俗，为学生提供了丰富的文化对比素材。教师可以根据这些内容设计活动，引导学生感知世界的多元文化，并学会理解和包容不同文化间的差异。

2. 依托高考阅读语料，强化学生文化调适与沟通能力的培养

从近三年高考英语语篇文化意识的承载内容来看，其分布整体上呈现出合理性。这些语篇涵盖了服务与人际沟通、文学艺术与体育、历史社会与文化、科学与技术等多个领域。例如，2020年全国Ⅰ卷语法填空语篇关于中国"嫦娥四号"探测器在月球背面软着陆的描述，不仅体现了民族精神和我国科技发展的融合，也标志着中华文明与世界接轨的步伐。这提示我们在日常教学中，应充分利用丰富的高考语料资源，选择那些介绍背景文化、展现不同情感态度和价值观的语篇。通过挖掘这些语篇中的文化元素，来提升学生文化调适与沟通的能力。这样不仅可以增强学生在跨文化交流中的敏感性，也能帮助他们调整交际策略以适应不同文化的差异。

3. 整合媒体资源，提升学生文化认同、传播与感悟的意识和能力

近三年高考英语语篇的呈现方式逐渐多元化，除了传统的文字形式外，还出现了图表、图示、网页、广告、漫画等非连续性文本以及多模态语篇。例如，2020年高考全国Ⅰ卷阅读理解A篇就采用了表文混合的形式呈现，充分体现了英语非连续性文本的新颖性、多样性和多元性（详见下表）。教师应充分利用媒体和网络资源的优势，精选那些文化内涵丰富、形式多样、话题新颖的多模态和非连续性文本语料。根据复习和教学的文化主题进行个性化创编，将这些鲜活的文本融入课堂教学之中。通过突出家国情怀和引导学生坚定文化自信来培育他们文化认同感与传播以及感悟与鉴别各类文化的意识和能力。

高考语篇的文化意识承载的非连续性文本呈现

种类	亚类	2019年		2020年		2021年		合计	
		数量	比例/%	数量	比例/%	数量	比例/%	数量	比例/%
表单	广告类	2	67	1	50	2	50	5	56
	告示、海报、说明书	1	33	1	50	2	50	4	44
	小计	3	100	2	100	4	100	9	100
标题	大标题	4	19	7	26	3	12.5	14	19
	小标题	1	5	3	11	3	12.5	7	10
	无标题	16	76	17	63	18	75	51	71
	小计	21	100	27	100	24	100	72	100
总计		24	200	29	200	28	200	81	200

总体而言，近三年高考英语语篇在文化意识的承载上表现出类型丰富、内容分布合理的趋势，同时呈现方式也日益多元化。这种变化不仅体现了高考命题对文化意识的重视，也为培养学生的文化意识提供了更广阔的空间。在培育学生的文化意识方面，我们不能仅仅满足于对一般文化现象、情感态度和价值观的理解，更需要引导学生深入鉴赏和剖析文本中的文化现象与传统，提炼并内化其中的文化内涵。通过这样的过程，学生才能形成自己独特的文化立场，增强对优秀文化的认同感，并具备一定的文化鉴赏能力。

为了适应这种变化并引领日常教学改革，高考命题需要进一步调整相关文化承载的比例，确保各类文化内容得到均衡体现。同时，在常规的英语教学中，教师也应将培养文化意识融入自己的教育信念，不断优化教学方式，引导学生通过探究、体验、比较等多种途径深入学习和理解语言和文化。这样，文化意识才能真正转化为学生内在的品格，成为他们未来发展不可或缺的一部分。

此外，近三年高考语篇的文化意识承载特点也给我们带来了重要启示：英语教师需要不断加强自我修炼，深入挖掘教材中蕴含的文化元素及其教育价值。只有这样，我们才能更好地引导学生主动评价和接受世界文化的多样性，进一步推动语篇文化教学的改革。在这个过程中，将培养学生的文化意识和关键能力纳入教育目标至关重要，这不仅有助于促进学生形成优秀的文化意识，更能最终提升他们的英语学科核心素养。

参考文献

［1］高恩福.英语教学应注重文化意识的培养［J］.外语教学与研究，2010
　　（7）：94-95.

［2］胡慧敏.基于小组合作的中学英语社团活动研究［D］.宁波：宁波大学，
　　2017.

［3］刘乃卿.高中英语学科核心素养视野下非课本学习资源的应用研究［J］.
　　中学课程资源，2018（11）：44-46.

［4］王红霞，徐兴林.中学英语社团建设研究［J］.中国教育学刊，2016
　　（S1）：142-143，145.

［5］中共中央办公厅，国务院办公厅.国家"十三五"时期文化发展改革规划
　　纲要［N］.人民日报，2017-05-08（1）.

［6］中华人民共和国教育部.普通高中英语课程标准（2017年版2020年修订）
　　［M］.北京：人民教育出版社，2020.

［7］程晓堂，赵思奇.英语学科核心素养的实质内涵［J］.课程·教材·教
　　法，2016，36（5）：79-86.

［8］王燕.中学英语教学渗透中国传统文化的现实问题与对策［J］.上海教育
　　科研，2015（8）：59-63.

［9］张爱英，王瑜，彭警.高中英语课堂中渗透中国传统文化的课例分析
　　［J］.基础外语教育，2015，17（5）：56-61.

［10］罗建军.渗透中华优秀传统文化的高中英语教学策略研究——以Holidays
　　and Festivals in the United Kingdom的延伸教学为例［J］.基础教育课程，
　　2021（Z1）：54-60.

［11］文秋芳，王建卿，赵彩然，等.构建我国外语类大学生思辨能力量具的理
　　论框架［J］.外语界，2009（1）：37-43.

［12］王琪，睦国荣.批判性思维在中国传统文化下的双重作用空间［J］.文化学刊，2016（3）：22-25.

［13］孙有中.外语教育与思辨能力培养［J］.中国外语，2015，12（2）：1，23.

［14］范婷婷，李海艳.浅谈高中英语教学中培养学生的跨文化交际能力［J］.海外英语，2021（19）：118-119.

［15］王素芬.新课程高中英语教学培养学生跨文化交际能力有效方法分析［J］.新课程，2021（31）：113.

［16］马宝林.体验式英语教学模式对高中生跨文化交际能力影响的实证研究［D］.大连：辽宁师范大学，2021.

［17］吴玉石.高中英语课堂跨文化交际能力的培养研究［J］.英语画刊（高中版），2021（13）：101-102.

［18］陈济豪.高中生英语跨文化交际能力现状调查研究［D］.秦皇岛：河北科技师范学院，2021.

［19］吕姣.以学生为主体的高中英语口语讨论活动的设计［J］.英语画刊（高中版），2021（7）：95-96.

［20］任静.跨文化交际视角下的高职英语阅读教学实践研究［J］.海外英语，2022（5）：226-227.

［21］周晶.跨文化交际能力培养在民办高校外语翻译教学中的重要性［J］.海外英语，2022（5）：57-58.

［22］李辉.英语教学中学生跨文化交际能力的培养［J］.中国教师，2022（4）：101-103.

［23］赵丽荣.基于生态翻译学视角的大学生跨文化交际能力培养研究［J］.湖北开放职业学院学报，2022，35（6）：187-188.

［24］中华人民共和国教育部.义务教育英语课程标准（2022年版）［M］.北京：北京师范大学出版社，2022.